Yp

12100

ANECDOTES LITTÉRAIRES

SUR PIERRE CORNEILLE

ou

EXAMEN DE QUELQUES PLAGIATS

Qui lui sont généralement imputés par ses divers Commentateurs français, en particulier par Voltaire [1].

Par M. VIGUIER, *Insp. gén. de l'Université.*

>   ... Y TODO MENTIRA.
> — *Calderon de la Barca.* —

I.

Il n'y a rien de plus rare qu'une lecture attentive, surtout en fait de lecture littéraire, surtout aujourd'hui que les livres s'accumulent et passent si vite. Il n'y a rien non plus de si utile. Je l'ai appris depuis ma jeunesse, et je voudrais en donner deux ou trois preuves assez concluantes.

Voici d'abord, au sujet de deux ouvrages dramatiques, l'un français, l'autre espagnol, une question de priorité qui intéresse deux grands noms et un chef-d'œuvre, Calderon, Corneille, l'*Héraclius*, et qui dure depuis bientôt deux siècles.

Puisque l'on me conseille d'entrer dans quelques détails, ce premier point tiendra plus de deux pages : mais je suis en vérité honteux de le dire : je pourrais le terminer en moins de deux pages, et faire

---

[1] Ce Mémoire a été lu à l'Académie des Sciences, Belles-Lettres et Arts de Rouen, dans ses séances des 22 et 29 mai 1846.

crier à l'évidence tout lecteur versé ou non dans l'espagnol. Je n'indiquerai les dates décisives que subsidiairement. Ma découverte, plus décisive encore que ces dates, consiste en moins que rien. Je la trouverais assez payée par ce rire instinctif dont on salue un objet qu'on a cherché long-temps sans voir qu'il était là tout à portée. En un mot, j'ai pris la peine de *lire* quelque chose que tout le monde a entre les mains, sans y regarder suffisamment. — Il n'y aurait qu'à le montrer. — J'y vais venir, mais par le plus long : l'enquête, plus étendue, sera peut-être plus instructive ; c'est d'usage d'ailleurs. Mais, pour qui ne tiendrait qu'à la réponse finale, c'est superflu, je vous en préviens.

II.

Le conseil de l'Université, dans un arrêté récent, a inscrit parmi les textes espagnols à expliquer dans un prochain concours, la pièce de Calderon, *Héraclius*. Cette désignation n'est point rigoureusement exacte. Le drame en question s'intitule dans Calderon : *En cette vie tout est vérité et tout est mensonge* (EN ESTA VIDA TODO ES VERDAD Y TODO MENTIRA), suivant l'habitude prolixe et proverbiale des titres de l'ancien théâtre espagnol. Néanmoins on s'accommode facilement en France d'une formule abrégée pour rappeler un drame remarquable surtout par son rapport avec l'*Héraclius* du grand Corneille.

Je puis sans doute me dispenser de dire, après tant d'autres, combien cet *Héraclius* français est une œuvre curieuse et forte, riche de beaux vers et de situations originales. Mais toute l'originalité de cette création qui atteint le sublime, appartient-elle en effet au père de notre théâtre ? La puissante variété de ses conceptions dramatiques est une des parties essentielles de sa gloire : on sait toutefois ce qu'il doit à l'Espagne, et pour le *Cid*, et pour le *Menteur* ; imitateur déjà maître dans le premier de ces ouvrages, traducteur éminent, presque inséparable de son modèle, dans le second. Ne parlons pas de deux autres importations de valeur équivoque, la *Suite du Menteur* et le *Don Sanche* ; mais, dans l'*Héraclius*, s'avise-t-il encore d'imiter l'Espagne ? Tout le monde l'a cru ; et ce serait chose remarquable, car, dans le tragique, il lui tourne le dos, depuis son glorieux *Cid* espagnol; et, en suivant sa carrière triomphante d'un pas si actif, d'un air si studieux et si grave, il ne semble guère avoir envie de se retourner. Pourquoi cette source *de tragique*, une fois si favorable, semble-t-elle à jamais dédaignée par lui?... On signale un Héraclius espagnol : lequel, de Calderon ou de lui, est le prêteur ou l'emprunteur? L'opinion générale des critiques suppose que l'obligé c'est Corneille, qui n'en a rien dit, quoique son devoir tel qu'il l'entendait, et ses procédés critiques sûr ses propres ouvrages, l'obligeassent d'en convenir. Il a même dit indirectement tout le contraire[1]. Examinons. Les deux poètes étaient à peu près du même âge. L'espagnol comptait sa quarante-septième année, et Corneille sa quarante-unième, lorsque celui-ci, en 1647, publia son *Héraclius* déjà fort applaudi depuis quelques mois. Calderon continua de travailler pour la scène, surtout pour les fêtes dramatiques de la cour et de l'église, jusqu'à sa mort, en 1687 : mais il ne faut pas lui demander, non plus qu'à Lope, à Roxas, à Moreto, à Castro, ni aux autres, la date précise d'une seule de ses pièces, et la critique espagnole, la plus insouciante de toutes les critiques littéraires, s'est bien gardée de s'en enquérir. — Quand la critique se conduit ainsi après plusieurs générations d'artistes, c'est un préjugé fâcheux mais légitime contre l'art lui-même.

Or, il s'est rencontré un jésuite français, homme d'esprit et d'instruction, l'un des maîtres de Voltaire dans sa première jeunesse, puis l'un de ses adversaires courtois sur des questions de théodicée, lequel fut curieux de vérifier ce point de priorité. Il en avait déjà été disputé au *Mercure de France*, en 1724 (février et mai), entre l'abbé Pellegrin et un anonyme qui avait conclu en faveur de Calderon, mais seulement par conjecture, par ce motif très spécieux, en effet, qu'un tissu d'extravagances comme ce qu'on trouvait dans Calderon ne pouvait guère être sorti de l'une des pièces les mieux méditées de Corneille, et que celui-ci devait plus vraisemblablement avoir tiré un peu d'or de ce fumier, plutôt que l'inverse.... Telle était la pensée : la métaphore est de Voltaire qui partagea cet avis plus tard. Mais notre jésuite allait mieux au fait, vers 1730 environ.

---

[1] « Cette tragédie a encore plus d'effort d'invention que celle de Rodogune, « et je puis dire que c'est un heureux original dont il s'est fait beaucoup de « belles copies sitôt qu'il a paru. » *Examen d'Héraclius*.

Le P. Tournemine, ardent admirateur de Corneille, ne procéda point comme le ferait supposer ce petit dicton rappelé par Voltaire, bien capable de l'avoir mis lui-même en circulation:

> C'est notre père Tournemine
> Qui croit tout ce qu'il imagine.

Il fit bien mieux, il écrivit en Espagne (à son confrère, le confesseur de la reine catholique, suivant ce qu'on croit), pour demander satisfaction sur ces deux points : 1° la date de l'*Héraclius* espagnol ; 2° si Calderon n'était point venu en France. Nous prions les curieux de noter cette seconde question, qui a bien pu être suggérée par quelques données traditionnelles vaguement conservées en France, dans un ordre ecclésiastique et mondain tel que les jésuites.

Laissons parler le P. Tournemine lui-même ; il donna ses renseignements à M. Jolly, littérateur estimable, auquel on doit la meilleure des éditions de Corneille, précédée d'un avertissement général, étendu et judicieux, 1738 et 1747, sans nom d'éditeur, réimprimée en 1753 in-18. Voyez l'article *Héraclius*, dans cet avertissement :

« Il y a plusieurs années, disait le savant jésuite, que j'ai cherché
« à détruire la fausse accusation qui rend M. Corneille copiste de
« Calderon dans les plus beaux endroits de son *Héraclius*. J'ai écrit
« en Espagne à un de mes amis, et je lui ai demandé deux choses :
« l'une, en quelle année la pièce de Calderon avait été représentée,
« et l'autre, si cet auteur n'était pas venu en France. On ne me fit
« point une réponse positive sur la première : on m'assura seulement
« que son édition avait été faite après 1647 ; mais on me marqua bien
« positivement que Calderon était venu en France, même à Paris, et
« qu'il y avait fait des vers espagnols à la louange de la reine-régente
« Anne d'Autriche. »

Au sujet de l'*édition faite de la pièce de Calderon après* 1647, réponse vague et négligente, mais qui suffit pour trancher toute la question, si elle est vraie, le scrupuleux Jolly observe en note : « Les
« premières éditions sont sans doute restées en Espagne ; on n'a pu
« trouver ici que des recueils, dont le dernier, en 9 volumes in-4°,
« a été imprimé à Madrid en 1685. Dans le recueil imprimé en 1664,
« cette tragédie *En esta vida*, etc., est la première de la 3ᵉ partie. »

Jolly ne savait pas l'espagnol, et il est mal secondé de ce côté dans ses citations, surtout quand il produit quelque texte en cette langue. Il ignore que la pièce en question ne peut s'appeler une tragédie ; il ignore que l'édition de Calderon, de 1685, est la première complète des comédies de cet auteur, publiée par ses amis trois ans après sa mort ; il ignore encore que l'édition d'une 3ᵉ *partie donnée en* 1664, où l'on trouve, en tête du volume, la comédie *En esta vida*, est sans doute celle dont la réponse à son ami Tournemine parlait si vaguement comme postérieure à 1647 ; il ignore, enfin, que cette édition de 1664 est, d'après des apparences équivalentes à l'entière certitude, la première qui ait paru de la pièce dont il s'agit, dix-sept ans après celle de Corneille.

Ainsi dépourvu des moyens de juger, il ajoute, avec beaucoup de candeur : « Il faut avouer que le défaut de dates rend ces preuves insuffisantes », et il se retranche sur d'autres preuves qu'il trouve décisives : l'une, le silence des contemporains jaloux, qui n'ont rien allégué du prétendu emprunt fait par Corneille ; l'autre, le silence de l'honorable poète, dont *nous pouvons presque assurer qu'il n'avait rien emprunté de l'auteur espagnol, sur cela seul qu'il ne nous en a pas avertis lui-même*.

Ces arguments sont très forts, nous en reparlerons ; mais nous voulons entrer dans une autre voie d'évidence, dont il nous paraît honteux que les critiques ne se soient pas avisés, à part toute érudition en fait de dates et d'espagnol.

Avant d'entrer dans cette nouvelle enquête, je remarquerai volontiers cette mention, négligée par les Espagnols, d'un voyage de Calderon à Paris. Ce renseignement, s'il est vrai, et je n'y ajoute pas une foi entière, mérite bien d'être relevé, ne fût-ce que comme un supplément à la triste pénurie des plus illustres biographies littéraires de l'Espagne. En admettant par hypothèse ce voyage, nous corrigerons le titre de reine-régente donné à Anne d'Autriche. Elle n'était plus que reine-mère à l'époque où la paix pouvait permettre à Calderon de se rendre à Paris. Ces vers, en l'honneur d'Anne d'Autriche, où les trouvait-on ? Il n'existe imprimé que bien peu d'œuvres non dramatiques de Calderon. L'époque de la paix et du mariage de Louis XIV invitait les poètes à célébrer surtout la nièce d'Anne d'Autriche, la fille de Philippe IV, Marie-Thérèse, appelée à son tour au trône de France ; et Calderon n'y manqua point, car son théâtre contient une comédie lyrique jouée à la ferme royale de la Zarzuela, devant la cour espagnole, peu avant le départ de cette cour pour l'entrevue matrimoniale des Pyrénées. La pièce est intitulée : *La Purpura de la Rosa*, en allusion à la fraîcheur tant vantée du teint de la princesse : dans le prologue en musique (*Loa*) qui précède la comédie, l'ambassadeur de Louis XIV, chargé de la demande et des premières épousailles, a part aux compliments du poète, qui l'appelle *el duque de Agramon* (le duc de Grammont). Il est encore permis de conjecturer que le correspondant du P. Tournemine a fait, d'après ces circonstances qui ont entre elles de l'analogie, quelque nouvelle confusion.

Enfin, si nous voulons absolument amener l'auteur de l'*Héraclius* espagnol à Paris, et non pas seulement à Fontarabie, où il aurait bien pu suivre Philippe IV, son royal collaborateur en fait de pièces de théâtre, nous supposerons facilement qu'il aura suivi dans notre capitale quelqu'un des grands seigneurs qui recherchaient beaucoup le poète favori de leur maître. Ces courtisans devaient apporter de Madrid et de Buen-Retiro une certaine curiosité de savoir ce qu'étaient, au milieu de la barbarie française, les *comédies* d'un certain Pierre Corneille, car on s'en était préoccupé en Espagne, même pendant la guerre; car, malgré la priorité de Guillen de Castro, on avait bien voulu y représenter une traduction telle quelle de notre *Cid*, et on l'avait imprimée dès 1658.

Quel était donc, après le divin Lope de Vega, auprès de l'enchanteur don Pedro Calderon, ce poète Corneille dont on entendait parler avec transport à Paris et à Saint-Germain ? Mais, pour suivre l'hypothèse, si on venait leur dire que cet homme-là prétendait susciter la tragédie dans le monde moderne (il ignorait Shakspeare), qu'il étudiait de toutes ses forces Aristote, et tout ce qu'il pouvait atteindre de l'antiquité, pour enfanter des œuvres capables de regarder en face celles des grands classiques (une seulement par année, et non pas douze à l'espagnole); qu'enfin il entendait bien sérieusement être noble, sévère, pathétique, manifester à la scène l'ame humaine et le génie des grandes époques des nations...; alors, en vérité, ces beaux seigneurs castillans n'y auraient rien compris, et, soyons sincères, don Pedro Calderon pas davantage; je le dis pour tous ceux qui ont beaucoup lu de bonne foi Calderon, et qui, sans doute, y auront trouvé beaucoup de charme et d'amusement. Shakspeare, malgré son ignorance, vous aurait entendu! Mais, ni l'éducation des Espagnols, ni leur génie, n'y devait point suffire de bien long-temps encore. Leurs mérites brillants et faciles, restreints dans le champ de leurs idées, sont d'un ordre différent. C'est autre chose, en effet, d'avoir à parler des maîtres, des précurseurs de l'Angleterre et de la France, tels que Shakspeare et Corneille. Voltaire, causant avec ses amis de l'*Héra-clius* de Calderon, qu'il déchiffrait et traduisait alors tant bien que mal, écrivait ce mot bien dur : « Il fera connaître le génie espagnol; « en vérité, ils sont dignes d'avoir chez eux l'Inquisition. » (Lettre à D'Alembert, 28 novembre 1762.) Hélas! il prenait sans doute en ce moment l'effet pour la cause, la conséquence pour le principe. Mais aussi, on peut le dire, à quoi tient-il qu'ils aient eu l'Inquisition, et qu'ils l'aient tant gardée par privilége entre tous les peuples? — Mais tout cela nous mènerait trop loin.

Revenons. Si quelqu'un prétendait qu'il soit probable que Calderon entendît le français assez bien pour suivre une représentation ou seulement une lecture d'*Héraclius*, nous ne partagerions nullement cet avis; mais, ne pouvant tout dire, nous n'incidenterons point sur notre manière d'envisager les habitudes lettrées de ce temps.

Corneille, au contraire, savait l'espagnol; il l'avait bien prouvé: n'est-ce donc pas lui qui a lu son contemporain? La conséquence n'est nullement nécessaire; de même que, si Calderon savait peu le français, il ne s'ensuit pas qu'il ne pût être informé d'une donnée dramatique par un instant de conversation à la mode; qu'il ne pût profiter d'une marque faite au plus bel endroit du livre français par quelque connaisseur illustre, ou même auguste, charmé de signaler et d'épeler, d'une langue à l'autre, le passage applaudi d'enthousiasme au théâtre de Paris.

III.

Voyons donc quels sont les points de rencontre et de contact entre les deux *Héraclius*. Il y a, entre les deux ouvrages, trois éléments communs, savoir :

Une situation dramatique;

Une phrase textuellement traduite de l'un à l'autre;

Des noms propres de personnages.

1. La *situation* est celle-ci : Un tyran meurtrier du prince dont il a usurpé le trône, se trouve, vingt ans après, en présence de deux jeunes gens qu'un fidèle serviteur de la dynastie (c'est une femme dans Corneille), a changés l'un pour l'autre en nourrice : l'un est le propre fils du tyran, l'autre celui de son prédécesseur ; et, dans son incertitude, voulant reconnaître l'un et immoler l'autre, il les trouve tous deux ambitieux d'appartenir à sa victime plutôt qu'à lui.

Observons que cette situation, fort belle et savamment complexe, forme le sommet, le point de perspective de la pièce française : ce n'est, au contraire, qu'une échappée disposée dans la pièce espagnole, vers le début d'un rêve comme ceux des *Mille et une Nuits*, qu'il nous faut dès à présent rappeler en deux mots. Un magicien, prenant la situation en cet état, fait intervenir par prestige toute une comédie d'illusion dans la comédie réelle; et l'on voit ainsi agir, à leur insu, selon leurs instincts véritables, ou plutôt selon le caprice de l'auteur, les personnages de son imbroglio. De là le titre : *Tout est vérité et tout est mensonge ;* combinaison fantasque et puérile, manquée dans l'exécution, même au point de vue de l'art espagnol. C'est, nous n'hésitons pas à le dire, une des médiocres pièces de Calderon, une variante, une dégénération tardive de l'un de ses drames les plus agréables : *La vie est un songe.* Nous ne pouvons, toutefois, supposer, de la part des Espagnols, un jugement aussi sévère que le nôtre envers la pièce en question, car nous la voyons figurer la première dans le volume publié sous les yeux de Calderon lui-même, en 1664.

Les lecteurs français peuvent consulter, sur cet *Héraclius* espagnol, la traduction très réduite, très évasive à l'égard des difficultés du texte, que Voltaire a pris la peine d'en donner à coups de dictionnaire. C'en est assez et plus qu'il ne faut pour se faire une idée du fond de ce drame. Des contre-sens graves, sans compter de nombreuses lacunes, que j'ai eu la patience d'y vérifier, ne laissent aucun regret, quand on voit dans le texte sur quoi portent ces petits malheurs, sur quelles complications incroyables, soit de jeux de mots, soit même d'action [1].

---

[1] Ordinairement, le lecteur français ignore, quand il lit la traduction d'un drame espagnol, que le traducteur lui a rendu le service de retrancher à chaque instant des pointes et des entortillages ridicules. C'est bien fait de retrancher,

2. En second lieu, donnons *la phrase textuelle* souvent citée. Le tyran, repoussé également par les deux jeunes princes, s'écrie,
(Corneille, fin de l'acte 4ᵉ) :

> O malheureux Phocas! ô fortuné Maurice!
> Tu recouvres deux fils pour mourir après toi,
> Et je n'en puis trouver pour régner après moi.

(Calderon, fin de la 1ʳᵉ journée) :

> Ah, venturoso Mauricio!
> Ah, infeliz Focas!¹ Quien vió
> Que, para reinar, no quiera
> Ser hijo de mi valor
> Uno, y que quieran del tuyo
> Serlo, para morir, dos?

« O heureux Maurice! ô infortuné Phocas! se peut-il que, pour « régner, pas un ne veuille être le fils de mes mérites, et que deux « veuillent l'être des tiens, pour mourir! »

3. Enfin, *des noms propres*. Remarquez-les bien, je vous prie ; ce ne sont pas des noms en l'air de comédie, Alberto, Octavio, etc., ce sont, des deux parts, des noms historiques : Maurice, l'empereur de Constantinople, qui a péri ; Phocas, qui fut réellement son meurtrier et son successeur ; enfin, Héraclius, successeur de Phocas, mais qui n'est nullement le fils de l'un ni de l'autre dans l'histoire. Il ne fut, comme Phocas lui-même, qu'un de ces commandants de province qui, de temps en temps, marchaient sur la capitale, et se faisaient empereurs le sabre à la main.

---

mais il faudrait avertir ; la critique ou la curiosité du lecteur serait mieux édifiée. — A propos de ces infidélités, on ne conçoit pas pourquoi les éditeurs de Voltaire, depuis ceux de Kehl, se sont tous permis d'enlever à son commentaire sur Corneille l'*Héraclius* espagnol et le *Jules-César* anglais, dont le premier du moins convenait là très bien, pour les rejeter dans son Théâtre. Je conviens que le *Jules-César* de Shakspeare n'est assassiné par le commentateur que comme une malencontreuse victime au *Jules-César* de M. de Voltaire, sous prétexte de commenter *Cinna*; mais, en France, les éditeurs obéissent trop aux libraires. Le motif du déplacement n'aura été que de remplir un volume et d'en dégarnir deux autres, jugés trop épais.

¹ Faute d'entendre la locution *Quien vió*, on a souvent omis de ponctuer ce second vers, Voltaire entr'autres, et tous ses éditeurs, qui souvent d'ailleurs le corrigent sans avertir de sa faute.

Si peu qu'il y ait là d'érudition historique, il y en a encore bien assez pour que l'un des deux auteurs doive nécessairement avoir donné un coup d'œil à l'histoire, et que l'autre ait accepté tout fait ce choix de trois empereurs d'Orient successifs, dont le troisième se refuse à la donnée du drame. Une coïncidence fortuite à cet égard est évidemment ce qu'il y a de plus impossible. Mais qui donc a consulté les annales du Bas-Empire? Y aurait-il, par hasard, dans quelque livre poudreux, une circonstance capable de suggérer au génie en travail les hardies hypothèses du drame, et de les faire porter précisément sur ces trois empereurs du vi^e et du viie siècle, auxquels personne n'eût songé sans cela? Celui qui aura fait cette recherche et cette rencontre sera de toute nécessité le premier venu. Mais lequel est-ce?

C'est ce que nous pourrions ignorer à jamais, malgré de fortes présomptions morales [1], si Corneille avait fait comme son ingénieux contemporain, s'il avait jeté au monde toutes ses pièces de théâtre, sans un seul mot de glose, de motifs, de renseignements. Or, entre les cent huit *comedias famosas* bien compactes qui nous restent de Calderon, avec ses quatre-vingt-quinze drames sacramentels, il n'existe pas une ligne de critique adressée au lecteur. Loin de revoir ces publications, il les livrait, pour la plupart, à l'aventure, à tout venant. Autant en faisait le *phénix* Lope, pour son millier de *comedias*; autant, hélas, le grand Shakspeare [2]. Calderon se borne à mettre quarante-huit seulement de ses comédies sous la sauve-garde d'une publication régulière. Mais puisque Corneille, plus heureusement placé, soit dans sa contrée, soit dans son époque, a su traiter

[1] On a maintes fois remarqué, dans l'*Héraclius* espagnol, la mention peu historique des boulets, des canons et de la poudre.

[2] Une fois seulement en sa vie, le *divin* Lope, dans une séance académique à Madrid, parla, vers 1602, de son théâtre colossal, en vers spirituels dont Voltaire a traduit quelques-uns en jolis vers aussi; ce fut pour s'exécuter de bonne grâce sur l'extravagance et la frivolité de ses pièces,

      Porque como las paga el vulgo, es justo
      Hablarle en necio para darle gusto;

« *car, puisque le vulgaire les paie, il est juste de lui dire des inepties pour* « *l'amuser.* » Mais il mystifia la postérité, en ajoutant que, sur tout son théâtre, il exceptait six pièces régulières et conformes aux modèles de la poétique. Ces six tragédies ou comédies régulières, on est encore à les trouver, Lope ayant négligé d'en donner les titres.

autrement sa raison, son art et son public, puisqu'il a voulu rendre compte de ce qu'il faisait, il faut au moins le lire : c'est la morale de ce débat, nous aurions pu la réserver pour la fin. Eh bien, c'est ce que n'ont point fait, pour la question qui nous occupe, les éditeurs commentateurs et les critiques de Corneille, même les plus illustres. Ils auraient rencontré l'évidence; mais l'histoire de ce pauvre expéditionnaire qui ne lit point ce qu'il copie, est celle de bien des gens plus importants que lui dans le monde. C'est un Voltaire qui nous en fournira la preuve signalée, non pas une preuve, mais trois, également importantes pour l'intelligence de Corneille et pour sa gloire, et qui n'importeraient pas moins à son honneur personnel. Ces distractions d'hommes supérieurs (s'il y a bien distraction de la part de Voltaire, c'est ce que nous verrons) n'attendent bien souvent, pour être corrigées, que l'avertissement d'un vulgaire bon sens; mais le monde littéraire surtout est plein d'échos fidèles qui se propagent de génération en génération.

IV.

Quels sont donc enfin ces documents fournis par Corneille, et que personne n'a *lus?* Ils sont dans les mains de tout le monde, dans ses éditions les plus banales. C'est, ou l'*Examen d'Héraclius,* ou la *Préface* de cette pièce. L'un suffit de reste comme l'autre à qui veut lire; mais la Préface, par sa destination première, par sa date plus rapprochée du premier succès à la scène, est plus frappante encore, plus empreinte de cet indice irrécusable que nous cherchons. Malheureusement, ces deux documents, réunis dans toutes les éditions soignées, ont été choisis arbitrairement à l'exclusion l'un de l'autre dans les éditions vulgaires. Moins heureux que Racine, dont le bagage accessoire à son théâtre est plus simple, Corneille a été pitoyablement dilapidé, dispersé dans cette partie précieuse de son bagage apologétique, et cela un peu par sa propre faute : c'est qu'aussi le trajet de Racine avait été bien moins long, moins laborieux, à travers des terres inconnues; ses travaux d'inventeur sont moindres de beaucoup; sa perfection native, puis son mariage et sa retraite dévote, le dispensèrent de regarder davantage à son théâtre une fois produit; tandis que Corneille, écarté de la scène à quarante-six ans, par un premier revers (*Pertharite*), après avoir rimé par pénitence les quatre parties de l'*Imitation*, Corneille à cinquante-un ans revient au monde et embrasse de nouveau sa gloire. Avant d'entrer dans une seconde époque de sa carrière dramatique, il travaille deux ans (de 1658 à 1660), à ses trois inappréciables *Discours* de l'Art dramatique, de la Tragédie et des Unités, et à ses *Examens* sur chacune de ses pièces antérieures [1]. Dès-lors il bannit de toutes ses éditions générales, à compter de 1660 et 1664, tous les renseignements préliminaires, dédicaces, préfaces, épîtres explicatives et renvois textuels, qu'il paraît croire suffisamment remplacés ou résumés par ses Examens. En ceci il avait bien ses vues; elles sont assez curieuses à rechercher. Nous le pourrions faire, mais nous avons quelque chose de plus pressé en ce moment : qu'il nous suffise d'avoir rappelé pourquoi ses éditions, d'après le hasard de leur origine, forment tant de familles diverses. Les meilleures, qui peut-être ont tout recueilli, ont le grave tort de ne point marquer les dates et les circonstances de ces documents, qui, dans leur succession, se heurtent, se détruisent quelquefois, souvent aussi se répètent beaucoup. Ces dates peuvent être en partie difficiles à retrouver : mais cette recherche aurait convenu à la belle édition Lefèvre, dirigée avec un soin véritable par M. Parrelle.

Toujours est-il qu'en prenant au hasard des éditions quelconques, vous ne pouvez manquer d'avoir, soit la préface, soit l'examen d'*Héraclius,* et c'en est assez de l'une ou de l'autre pour résoudre le problème irrévocablement, et en même temps pour vous rendre compte de la manière dont Corneille *trouvait* quelquefois une tragédie. La peine

---

[1] « J'avais promis à quelques personnes dévotes de joindre à cette traduction « celle du Combat spirituel, mais je les supplie de trouver bon que je retire ma « parole; puisque j'ai été prévenu dans ce dessein par une des plus belles plumes « de la Cour, il est juste de lui en laisser toute la gloire...... En attendant « que Dieu m'inspire quelqu'autre dessein, je me contenterai de m'appliquer « à une reveuë de mes pièces de théâtre pour les réduire en un corps, et vous « les faire voir en un état un peu plus supportable. J'y adjoûterai quelques « réflexions sur chaque poëme, tirées de l'Art poëtique, plus courtes ou plus « étendues, selon que les matières s'en offriront; et j'espère que ce présent « *renouvelé* ne vous sera point désagréable, ni tout-à-fait inutile à ceux qui se « voudront exercer en cette sorte de poësie. » *Préf. de l'Imit. de J.-C., mise en vers français*..... 1658.

n'est pas grande, et sera récompensée : voyons comment il s'y prenait.

C'est à l'histoire, comme on sait, qu'il voulait, autant que possible, être redevable de ses sujets, sauf à se l'accommoder selon ses vues, avec infiniment de scrupule et infiniment de hardiesse respectueuse.

Or, il lisait en ce temps-là (*Préface* et *Examen*) les nombreux in-folios latins du cardinal Baronius, *Annales ecclesiastici*, qui ne fatiguaient pas beaucoup, je pense, l'attention du capellan mayor Calderon de la Barca. Arrivé à l'an 602, treizième du pontificat de Grégoire-le-Grand, dix-septième du règne de l'empereur Maurice, il voit ce malheureux prince égorgé par Phocas, après avoir assisté au massacre de quatre de ses fils; plus loin, sa veuve et ses filles immolées également, ainsi que son fils aîné qui s'était trouvé absent lors du premier massacre; mais cette dernière mort fut révoquée en doute par l'affection des peuples, et le bruit de l'existence du prince inquiéta plus d'une fois le tyran. Nous ne touchons pas encore le fondement, le pivot de l'Héraclius; mais le voici, il l'a trouvé!

Parmi les circonstances du meurtre des jeunes princes, Corneille est frappé de celle-ci : la nourrice du dernier de ces princes encore à la mamelle, s'avise, par un rare dévouement (la chose n'est pas si improbable qu'on l'a dit), de soustraire aux bourreaux le nourrisson impérial, en leur présentant son propre enfant. Mais, dit Baronius (*Préface de Corneille*), Maurice, qui était présent, reconnut à temps cette fraude, et, se résignant devant Dieu à toute l'étendue de son malheur, il ne voulut point la laisser consommer; il réclama son véritable enfant pour le livrer à la mort[1]. Tout finit là dans l'histoire. Mais le poète, qui rêve en lisant, que pense-t-il?... Si la substitution de cette nourrice avait eu son effet! Si le prince avait été réservé par cette femme pour l'heure de la justice! Il y aurait là de la tragédie! Mais il faut lui donner le temps de grandir : c'est dommage que l'usurpateur Phocas n'ait régné que huit ans encore. S'il ne tient qu'à cela, nous le ferons régner une douzaine d'années de plus, et

---

[1] *Justus es, Domine, et justum judicium tuum*, disait Maurice d'après le psalmiste pendant l'exécution. « Interea vero *cum nutrix subtraxisset unum e nece, et pro eo filium afferret*, id Mauritius fieri vetuit, infantemque suum prodidit, qui visus est e vulneribus lac dare cum sanguine. Tandem vero Mauritius ipse occisus est, cum se casu superiorem in omnibus demonstrasset. » BAR., *loc. cit.*

nous en demanderons pardon au public français, et nous l'obtiendrons si nous réussissons au théâtre [1], comme dans le temps du *Cid*, quand nous avons jugé à propos d'installer le roi de Castille dans l'alcazar de Séville, au onzième siècle, malgré l'histoire et toutes les autorités espagnoles.

Mais ce n'est pas tout. Cette nourrice, c'est une femme forte qu'il faut garder pour notre conspiration. Il faut que nous la relevions en dignité; c'est convenable. « Son action, dit Corneille (*Préface* et *Exam.*), est assez généreuse pour mériter une personne plus illustre à la produire. » Je ferai (*Préf.*: j'ai fait) de cette nourrice « une gouvernante. » Elle s'appellera Léontine, c'est un nom que nous retrouvons dans Baronius, aux alentours de cette histoire; quant au vrai nom impérial de ce fils de Maurice réservé au trône, nous ne pouvons pas l'inventer, ce sera *Héraclius*, car il vaut mieux supposer à l'Héraclius de l'histoire, qui venait d'Afrique, une telle naissance, que de changer la succession authentique des empereurs de Constantinople.

L'action n'est pas encore suffisamment implexe, mais les vues lointaines et mystérieuses dont cette gouvernante est capable peuvent la compliquer beaucoup. Puisqu'elle a paru à Phocas empressée de livrer le petit Héraclius, elle aura obtenu sa confiance, et le tyran lui aura donné à élever Martian, son propre fils. Je sais bien qu'il n'avait qu'une fille, mariée à Crispus, dont je puis faire un confident (*Exam.*); mais attribuons-lui ce fils, et voilà les héritiers des deux empereurs confiés aux mêmes mains ! Et qui empêche Léontine, lorsque Phocas revient de ses longues campagnes, de lui rendre pour prince impérial, non pas son nouveau pupille, mais l'ancien, mais le fils de Maurice, tout en gardant chez elle, comme le sien, le fils de

---

[1] « Je ne me mettrai pas en peine de justifier cette licence que j'ai prise, l'évé-
« nement l'a assez justifiée; et les exemples des anciens, que j'ai rapportés sur
« Rodogune, semblent l'autoriser suffisamment : mais, à parler sans fard, je
« ne voudrois pas conseiller à personne de la tirer en exemple. C'est beaucoup
« hasarder, et l'on n'est pas toujours heureux; et, dans un dessein de cette
« nature, ce qu'un bon succès fait passer pour une ingénieuse hardiesse, un
« mauvais le fait prendre pour une témérité ridicule. » (*Préface.*)

« Je ne sçay si on voudra me pardonner d'avoir fait une pièce d'invention
« sous des noms véritables; mais je ne crois pas qu'Aristote le défende, et j'en
« trouve assez d'exemples chez les anciens. » (*Examen.*)

Phocas, Martian, qu'elle appelle Léonce, du nom de cet enfant secrètement sacrifié par elle à la place d'Héraclius?

Dès-lors, notre intrigue est nouée, et, malgré les *quiproquo* de personnes qui exigeront un certain effort d'attention, nous obtiendrons un puissant et curieux intérêt. Cette femme, en possession de deux si grands secrets, calme, patiente, intrépide, armera contre le tyran l'héritier supposé auquel elle aura tout révélé, caractère héroïque et contenu; ainsi que le fils de Phocas lui-même, qu'elle élève dans la haine de son père, en lui cachant sa naissance. L'amitié généreuse des deux jeunes gens peut aussi offrir un beau et noble spectacle.

Cependant, il nous faut des rôles de femmes; il faut bien que ces princes soient amoureux. Baronius nous dit que Phocas a massacré les trois filles avec leur mère Constantine, aussi bien que les cinq fils et le père[1]. Mais il est bien simple de ne supposer qu'une princesse au lieu de trois, et d'admettre, qu'au lieu de l'immoler, Phocas, en profond politique, a recueilli soigneusement à sa cour cette jeune Pulchérie, pour la faire épouser un jour à celui qu'il prend pour son fils, afin de légitimer le plus possible sa dynastie. Corneille ne pouvait oublier ces conseils de la raison d'état. La veuve de Maurice, Constantine (*sic* dans Baronius et dans Corneille), n'aura pas été égorgée non plus; elle aura vécu quelques années encore dans la retraite, afin de voir grandir sa fille, de lui transmettre la fierté de sa race, et de laisser un écrit fort utile pour le dénouement. La jeune Pulchérie, digne fille de Corneille, brave le tyran; elle estime le prince qu'on veut lui faire épouser, sans savoir qu'il est son frère, mais elle aime l'ami de ce dernier, le vrai fils de Phocas, celui qui passe pour le fils de Léontine. De son côté, le prince héritier de Maurice devra, au dénouement, faire impératrice une fille de Léontine, confidente du grand secret de sa mère, et moins forte dans son silence. Il faut l'appeler Eudoxie, puisque, d'après Baronius, ce fut le nom de l'impératrice femme d'Héraclius. Quelque indiscrétion d'Eudoxie éveillera la rage du tyran, mais Léontine, qui le voit impa-

---

[1] Cela faisait même, aux environs de Constantinople, une réunion de dix tombeaux sur lesquels on écrivit une assez touchante épitaphe en vers, conservée par les historiens et dans l'Anthologie grecque. L'impératrice, mère de ces huit enfants, y parle de leur commun malheur. Le temps nous manque pour cette digression.

tient de verser le sang d'un fils de Maurice, est en mesure de lui dire que c'est l'un des deux princes, et que l'autre est son fils à lui-même :

<blockquote>Devine si tu peux, et choisis si tu l'oses !</blockquote>

Le reste est le résultat de ces mêmes données puissamment méditées et retournées sur elles-mêmes. Mais il n'y a pas jusqu'au sénateur Exupère, que certains traits du texte historique n'aient pu suggérer comme le type de ces conspirateurs de palais, qui attendent le moment d'étouffer le despote, tout en paraissant le servir aveuglément. Dans l'histoire, ces fragments, ternes comme un minerai, sont comme ceux qui ont donné Léontine; il faut voir s'y ajouter la sagacité créatrice de l'homme de génie.

Ainsi procède le poète avec l'histoire : il ramasse le caillou qui se trouve à ses pieds, le frappe, et en fait jaillir la flamme et la lumière qu'il ne contient point réellement. Ainsi, nous fûmes assez heureux, il y a long-temps, durant quelques journées de voisinage passager auprès de notre bon et illustre Casimir Delavigne, pour voir s'illuminer soudainement, en présence de quelques livres, certaines conceptions dramatiques de cette belle imagination.

Donc, quant à l'Héraclius, depuis l'invention semi-historique du personnage de Léontine, ce premier germe de la tragédie, jusqu'au moindre détail, jusqu'à cet enfant dont la plaie dégoutta de lait au lieu de sang[1], Corneille a tout trouvé par les seules voies qui pussent amener une pensée à de telles combinaisons. Et vous cherchez encore, après deux cents ans, l'auteur de cette trame dont il vous fait compter avec lui tous les progrès, en remontant jusqu'au premier bout de fil ! Vous n'avez besoin, pour en juger, ni de lire Calderon, ni même de compulser Baronius : quant à moi, je n'ai été chercher cet auteur que pour me donner le plaisir de voir de plus près éclore la pensée vivante du grand poète sur le sol inerte où il fallait pourtant de toute nécessité qu'elle se formât. Calderon eût-il été aussi sérieux qu'il est frivole dans cette pièce, eût-il été en Espagne un autre Corneille pour cette conscience dramatique qui voulait absolument relever de

---

[1] Voir la note latine ci-dessus. — Corn., act. 1 :

<blockquote>
Il n'avait que six mois, et, lui perçant le flanc,
On en fit dégoutter plus de lait que de sang;
Et ce prodige affreux, dont je tremblai dans l'ame..., etc.
</blockquote>

l'histoire, de près ou de loin ; je demande s'il eût été possible, sur un million de chances, que cet autre Corneille rencontrât, parmi les dix mille pages des Annales de Baronius, précisément les mêmes lignes, pour les tordre et les faire concorder en un même nœud, sous les mêmes latitudes. Autant vaudrait dire que cent kaléïdoscopes tournés au hasard peuvent donner à la fois les mêmes combinaisons, ou bien encore que les caprices d'une main d'enfant rencontreront sur le papier les principaux traits d'un dessin de Michel-Ange.

V.

Après avoir démontré qu'il est nécessaire que l'auteur de la combinaison principale de cette pièce soit Corneille, on pourrait démontrer *par l'absurde*, comme en géométrie, qu'il est impossible que ce soit Calderon. Tout se réduirait à voir que l'Espagnol impose à son rêve féerique, avec ses noms d'empereurs grecs, qui n'y ont que faire ou qui y répugnent, quelques-uns de ces linéaments quasi-historiques, qu'aucune chance imaginable ne pouvait faire concourir dans la combinaison qui l'a séduit, soit par concours fortuit, soit par concours étudié. Mais nous laisserons cette dialectique, pour nous occuper directement de l'ouvrage bizarre, où nous voyons un lambeau véritable du manteau tragique de Corneille tailladé, reteint et recousu à la robe de la fée Faribole.

Je trouverais beaucoup d'agrément à montrer, par un tel exemple, le prodigieux contraste des deux écoles, et le charme séduisant, aux heures de loisir, de la manière des poètes *castillans* [1], si, comme je l'ai dit, cette comédie n'était un essai hasardé par Calderon et manqué, tout en offrant souvent une réminiscence de lui-même. Il y a pourtant encore beaucoup d'esprit : dans quel ouvrage de Calderon et de Lope n'y en a-t-il pas ? Mais c'est le tour de force le plus désolant de la manie des complications. Avez-vous vu quelquefois de ces inscriptions, de ces cachets pour lesquels les Arabes et les Persans

---

[1] J'emploie à dessein cette expression : le théâtre de Valence avait eu des intentions plus sérieuses, témoin G. de Castro. Alarcon, l'auteur du *Menteur*, vient on ne sait d'où, peut-être du Mexique, mais il n'était point originaire de cette frivole *Corte*, de la Cour, comme on désignait Madrid.

inventent des lettres ornées en manière de nœuds gordiens ? Tel est le goût dominant du style et de la littérature espagnole à ses plus célèbres époques. On y trouve réellement peu de chose d'européen. Quiconque a l'habitude de lire ce théâtre, trouvera que l'*Héraclius* renchérit encore sur ce travers habituel. On trouvera aussi que c'est une des pièces les plus difficiles à lire, même pour des Espagnols, par l'obscurité répandue dans toute la seconde et la troisième partie, à compter précisément de l'endroit où il faut que l'auteur construise un ou deux romans nouveaux par-dessus la donnée de Corneille. Ce sont des conceptions incertaines, flottantes, un merveilleux pénible et sans netteté dont l'auteur ne s'est pas bien rendu compte. Deux conjectures sont permises : la première, que c'est le fruit d'une muse exercée, mais déjà vieillissante ; la seconde, encore plus certaine, c'est que Calderon n'ayant guère lu ni la pièce de Corneille en son entier, ni encore moins son exposé des motifs, mais informé du canevas, se sera dit, en digne Espagnol, qu'il lui serait facile de laisser la France bien loin derrière lui en fait de combinaisons subtiles et embrouillées, tout en voulant bien lui emprunter celle-ci, sur laquelle on se récriait comme sur la plus implexe qui fût à notre scène. C'était le mal chez nous, suivant les plus sévères ; c'était le beau chez les Espagnols, et nous étions restés bien simples, bien pauvres encore, avec une donnée si ingénieuse. Le style est à l'avenant de ce projet ; un redoublement d'affectation gongoriste et de formes contournées supplée à la netteté des intentions, qui manque partout.

Ainsi, par l'analyse rapide que nous allons faire, nous ne rendrons pas un bon office au rare talent de Calderon, cela est vrai. Les mauvais échantillons de toutes les écoles sont quelque chose d'insupportable ; ce n'est point dans Suréna qu'il faudrait observer Corneille. Mais le choix ne dépend pas de nous aujourd'hui ; en une meilleure occasion, la critique devrait à Calderon un large dédommagement.

Nous ferons, le moins que nous pourrons, un *récit* de la pièce, mais nous ne promettons pas de ne pas éprouver un peu le courage du lecteur qui veut s'instruire.

La vie sauvage d'enfants allaités par les bêtes, nourris de leur chair et couverts de leurs peaux, est une fantaisie dont on s'est avisé dans une multitude de ballets et d'arlequinades. Telle a été la vie de Phocas, délaissé parmi les serpents et les loups jusqu'à sa jeunesse ; puis il est devenu condottiere, puis empereur. Telle est aussi la vie d'Héraclius et de son frère *de lait*, que Phocas vient chercher en Sicile, dans les cavernes de l'Etna, à vingt ans de distance de leur naissance et de leur enlèvement. Dans ces contrées, l'empereur reconnaît un sauvage tout hérissé (description gongoresque) pour être le vieux seigneur qui a dérobé jadis à sa vengeance le petit Héraclius ; il veut frapper les deux pupilles de ce vieillard, mais celui-ci l'embarrasse, en déclarant que l'un des deux est son fils, fils naturel de la jeunesse de Phocas.

C'est encore une fantaisie amusante, et à laquelle Shakspeare avait donné bien du charme dans la *Tempête*, de représenter le jeune sauvage, homme ou femme, rencontrant, pour la première fois, une jeune figure de l'autre sexe, et de faire naître ainsi des instincts naïfs et délicats. Sans faire beaucoup de psychologie, Calderon s'y était pris plus heureusement dans *La vie est un songe*[1]. Mais ici, les deux sauvages, en partie carrée avec la princesse de Sicile et une autre jeune fille, font l'amour avec des madrigaux tout musqués du plus fin marinisme, dès les premiers mots jusqu'aux mariages du dénouement. Il n'y a pas ombre de passion ni de sentiment ; tout s'efface dans une galanterie fausse et fripée, soit lorsque les jeunes filles leur font la malice d'échanger entre elles leur mantille et leur masque, comme cela se voit dans quelques centaines de comédies espagnoles, soit lorsque, au commencement de la troisième journée, les jeunes gens improvisent en parfaits cavaliers de longues *gloses* rimées sur *les yeux*, d'après un quatrain de seguidille.

Voici maintenant la magie. Un enchanteur fort insignifiant, sans intérêt à l'action, et surtout très maladroit, est chargé de prolonger la situation indécise fournie par Corneille ; il improvise un tremblement de terre mêlé de tonnerres et de ténèbres, pour disperser tous les personnages au moment où il voit Phocas furieux, sans aucun scrupule paternel, prêt à massacrer les trois sauvages à la fois (1re *journée*).

[1] Comme il est bon d'observer que certaines nouveautés d'invention littéraire ne sont jamais nouvelles et n'appartiennent à personne, notons que ce vieux conte de l'éducation du fils de Filippo Balducci (Boccace) figurait déjà dans deux pièces de Lope et une de Guillen de Castro. En voici les titres : *El hijo de los leones. El animal de Ungria. El nieto de su padre.* Voy. la *Notice sur G. de Castro*, par Angliviel de Labeaumelle, jointe à sa traduction de la *Jeunesse du Cid*, dans les Chefs-d'œuvre des Théâtres étrangers. *Coll.* de Ladvocat.

Mais le bon tyran se réconcilie bientôt avec tout le monde ; sa férocité est adoucie par un plaidoyer de Cintia, la princesse, qui allègue l'indulgence du droit romain dans les cas douteux de personnes, et il ne conserve sa curiosité, dans le cas présent, que pour l'amusement des spectateurs. Le magicien voudrait bien la satisfaire, car, malgré sa puissance, il tient à faire fortune à la cour, mais Cintia, par deux mots de menaces très vagues, l'oblige à se taire : le puissant Lisipo s'ingénie alors pour créer un prestige au moyen duquel le mystère puisse se révéler de lui-même à Phocas ; peu importe que ce prestige n'aboutisse à rien, après qu'on y aura trouvé de l'amusement. Il élève donc un palais féerique, où il habille les deux jeunes sauvages en princes très élégants ; là se prononce quelque différence native entre les deux caractères : l'un, doux et modéré, c'est le fils de Maurice ; l'autre, arrogant et dur, c'est le vrai sang de Phocas ; mais le bon tyran est aussi charmé de l'un que de l'autre, et sa curiosité n'est pas plus satisfaite après qu'il a longtemps feint de dormir pour les mieux observer.

A la fin de la seconde *journée*, on sépare les princes en train de se battre, parce que l'ingrat Léonide veut maltraiter le vieux tuteur défendu par Héraclius. Mais l'analyse risque de trop accuser ces nuances morales auxquelles l'auteur n'attache pas une grande importance. Héraclius se montre, à son tour, très dur dans l'acte suivant.

Bientôt, au terme fatal d'une année écoulée en quelques quarts d'heure, le palais de *vérité-mensonge* s'évanouit. Cette chimère est la partie amusante et ingénieuse de l'ouvrage, mais rien n'explique si c'est tout le monde qui est enfermé dans ce rêve, ou seulement les deux jeunes gens, tandis que les autres personnages, dûment avertis, resteraient éveillés et complices du magicien. Calderon laisse tout indécis dans cet essai pénible et négligé en même temps.

Quand le palais a disparu, Héraclius et son compagnon se retrouvent dans la forêt avec leurs accoutrements de peaux, ne comprenant rien à leurs brillants souvenirs. Le magicien, à bout d'expédients, en revient à la parole pour révéler le véritable fils de Maurice, mais il tâche de faire courir cette parole à l'oreille des uns et des autres, de manière qu'on ne sache point qui a parlé. Voltaire, dans son analyse-traduction, n'a rien compris à ces obscures manœuvres : c'est la partie manquée de son travail. Il lisait vite et incomplètement son texte. Il reste encore de quoi admirer la patience qu'un tel homme a pu s'imposer. Ce qui me choque plus que ses contre-sens, ce sont quelques notes admiratives jetées par lui au hasard, arbitrairement, sans connaissance suffisante de ce qui peut être vulgaire ou distingué dans la langue originale, notes uniquement destinées à compenser quelque peu les termes de mépris dont il gratifie son texte, afin de retenir jusqu'au bout les regards du lecteur.

Passons au dénouement : j'y reconnais des moyens déjà employés dans la fameuse *Fuerza lastimosa*[1] de Lope, et qui, depuis, avaient pu être reproduits je ne sais combien de fois.

Un duc de Calabre, cousin germain d'Héraclius, est venu, sous l'apparence de son propre ambassadeur (autre lieu commun espagnol), réclamer de Phocas la couronne impériale comme héritier légitime, à défaut du fils de Maurice. Repoussé, ainsi qu'on peut le croire, il prépare une grande expédition pour débarquer en Sicile. Pendant ce temps, l'identité d'Héraclius est reconnue : Phocas l'invite à rester près de lui comme l'un des siens; mais le jeune homme, par un accès inattendu de philosophie, s'y refuse obstinément; il veut vivre dans la retraite pour n'être plus exposé aux déceptions de la *vérité-mensonge*. Il faut bien alors, pour amener la catastrophe, que le débonnaire Phocas reprenne toute sa férocité. Il veut tuer le prince, mais Cintia lui rappelle sa promesse de renoncer à ce meurtre; alors, par un détour très connu sur la scène espagnole, le tyran se contente de faire embarquer Héraclius et son vieux tuteur dans une nacelle dont on perce le fond par son ordre, et sans réclamation de la part de la belle Cintia. Les malheureux, bientôt submergés en pleine mer, nagent de leur mieux, et sont repêchés, près du rivage, par le duc de Calabre, qui vient de débarquer avec son armée. Dès qu'il se nomme, Héraclius reçoit l'hommage de ce généreux cousin, qui combat dès-lors pour sa cause. Phocas périt, on proclame le nouvel empereur, et l'on se marie. Respirons : toutefois, rappelons encore que deux paysans graciosos viennent de temps en temps nuancer les scènes par d'insipides quolibets.

Un mot sur le style. Malgré le travers d'affectation dont nous avons parlé, il est impossible qu'on n'y rencontre point des lueurs

---

[1] Traduite sous le titre : *Amour et Honneur*, dans les Chefs-d'œuvre des Théâtres étrangers; 1822.

poétiques ; elles sont rares, ne sont jamais pures, mais il s'en trouve pourtant.

Prenons un seul exemple. C'est le moment où les princes, dans le palais magique, achèvent leur toilette ; et font des réflexions morales, l'un sur le chapeau à plumes (des grands d'Espagne), l'autre sur l'épée dont on les décore[1]. Voltaire fait, à cette occasion, un contre-sens assez piquant.

> *Criado.* Ciñe la espada.
>
> *Eraclio.* Con miedo
> Llego a ceñirme la espada.
>
> *Criado.* Por qué ?
>
> *Eraclio.* Porque en los avisos
> Que della Astolfo me daba,
> Me decia que era ella
> El tesoro de la fama,
> En cuyo crédito acepta
> Valor todas sus libranzas.
> Geroglifico, que fâcil
> Hizo el uso, pues te tratan
> Muchos como adorno, y no
> Como empeño, ven, fiada
> En que sé, que hubiera pocos
> Que ciñeran tu hoja blanca,
> Si el dia que se la ciñen
> Supieran de qué se encargan.

Voici le sens exact : « *Le serviteur :* Ceignez l'épée. — *Héraclius :* C'est avec crainte que je ceins l'épée pour la première fois. — *Le serviteur :* Pourquoi ? — *Héraclius :* Parce que, dans les leçons qu'Astolfe m'a données sur ce sujet, il me disait que l'épée est le trésor de renommée sur le crédit duquel la valeur accepte tous ses mandats et obligations. O toi, signe emblématique dont le sens a été affaibli par l'usage, puisque tant de gens te portent comme une parure, et non

---

[1] Comme ils sont deux, tout est ainsi mi-parti entre eux d'un bout à l'autre, par couplets analogues ; il y en a de jolis, au premier acte, sur une musique galante et sur une fanfare militaire. Tout est aussi en partie double dans leurs dialogues avec les deux jeunes filles ; de là une alternative, à laquelle Voltaire s'est embrouillé plus d'une fois. Comme c'est bien certainement la seule comédie espagnole qu'il ait jamais lue, cela n'est pas surprenant ; il fait preuve même, s'il n'a pas eu de secours pour ce travail, d'une remarquable sagacité.

comme un noble engagement, viens à mon côté, certaine que, moi, je sais combien peu oseraient ceindre ta blanche lame, si, le jour où ils la ceignent, ils savaient ce dont ils prennent le fardeau. »

Voltaire : « Je ceins cette épée en frissonnant (dit Héraclius) : je « me souviens qu'Astolphe me disait que c'est l'instrument de la « gloire, le trésor de la renommée; que c'est sur le crédit de son « épée *que la valeur accepte toutes les ordonnances du trésor royal :* « plusieurs la prennent comme un ornement et non comme le signe « de leur devoir. Peu de gens oseraient accepter *cette feuille blanche*, « s'ils savaient à quoi elle oblige. »

Ainsi, ces ordonnances du trésor royal, confirmées par cette feuille blanche, nous donnent, à la place des métaphores, toujours surchargées, de Calderon, une malice voltairienne, où il faut faire entrer pour moitié la naïveté de quelque vieux dictionnaire.

Mais je m'aperçois que j'aurais tort de quitter cette analyse sans recommander aux curieux de chercher dans Voltaire, à défaut de mieux, le passage où Calderon a enchâssé le mot de Corneille, et sans les prémunir contre de notables faux-sens de Voltaire à cet endroit. Ils remarqueront d'abord la valeur des motifs prêtés aux jeunes princes, pour amener cette mémorable exclamation. Héraclius ne veut pas être bâtard de Phocas et d'une paysanne; (nulle considération de la justice, de la tyrannie, d'amitié héroïque, etc. ; cet ordre d'idées serait trop sérieux ;) quant à Léonide, il pourrait s'accommoder de cette origine, mais il ne veut pas être *moins* qu'Héraclius. — « Maurice est donc le *plus noble* (*lo mas*)? dit le tyran. — *Tous deux ensemble :* Oui ! — Et Phocas? — *Ensemble :* Non ! (*Rien !* dans Voltaire, est un contre-sens.) — Ah ! fortuné Maurice, ah ! malheureux Phocas.... etc. » C'est ainsi qu'est amené le mot sublime de Corneille. Phocas alors veut faire torturer le vieux Astolfe, pour lui arracher son secret. « Qu'on l'arrête. — *Les jeunes gens ensemble :* Tu nous verras d'abord acharnés à le défendre (*Restados en su favor.* Voltaire : Tu nous verras auparavant *morts sur la place.*) — *Phocas :* C'est vouloir que, renonçant à l'amour paternel qui m'a fait chercher l'un de vous deux, ma colère se venge sur l'un et l'autre. Qu'on les arrête tous les trois. »

Ici, le contre-sens de Voltaire est énorme (sans compter qu'il est triple), parce qu'il introduit un mouvement tragique dans une pièce où il n'y en a pas trace, si ce n'est le seul trait si rapetissé qui vient d'être emprunté tout à l'heure à Corneille. Voltaire fait donc dire à Phocas, au lieu de ce que nous venons de traduire : « *Ah! c'est là aimer. Hélas! je cherchais aussi à aimer* l'un des deux. Que mon indignation se venge sur l'un et sur l'autre, et *qu'elle s'en prenne* à tous trois. »

Ceux qui lisent un peu l'espagnol nous en voudraient de ne pas rapporter le texte de cette curieuse bévue, qui en contient trois ou quatre.

>*Focas.*   Eso es *querer*,[1]
>Que, abandonado el amor
>Con que al uno *busqué*, en ambos
>Se vengue mi indignacion.
>A todos tres *los prended*.

Ce n'est point pour cette phrase que nous ayons loué la vive sagacité de Voltaire.

VI.

Venons aux faits de l'enquête reprise par Voltaire, après le P. Tournemine. Ceci peut nous mener loin; car nous pouvons être conduit à contrôler d'autres enquêtes que celle sur l'Héraclius, et des erreurs qu'on a le droit de qualifier d'iniquités; nous pouvons être tenté, dans l'intérêt de la vérité, de la gloire de Corneille et de son honneur personnel compromis indignement, d'apprécier sans réserve timide l'esprit critique de Voltaire, et sa bonne foi. Qui eut jamais plus de sens, plus de goût que ce grand homme ? — Il est vrai; mais qui jamais fit à la gloire, au *moi* de l'homme de lettres, plus de mi-

---

[1] Ainsi ponctué. Cette virgule, qui a joué un si mauvais tour à Voltaire, n'est pas une faute dans l'habitude orthographique de la langue espagnole, j'entends de la langue d'alors, et de cette langue dramatique où les difficultés de construction sont différentes, mais, chose singulière, ne sont pas moins grandes que celles de beaucoup de proses allemandes. Ce vice chez les allemands, qui souvent écrivent mal, tient à un défaut de goût et de mesure dans la tenue et la conduite des idées; le vice parallèle des Espagnols tient à un défaut de goût et de mesure dans le sentiment, le mouvement et la recherche de l'effet. Aussi le travers des premiers domine-t-il dans la prose, celui des seconds dans la poésie, et notamment dans cette sautillante poésie dramatique, hachée en vers de sept à huit syllabes. J'ajoute, pour le dire en passant, que cette forme étroite et puérile de la versification dramatique des Espagnols, est une cause, si l'on n'aime mieux dire un effet, qui, malgré tant de vives imaginations, a maintenu constamment leur théâtre en un état d'enfance et de minorité. Mais ce n'est pas ici le lieu d'insister sur ces idées, qui, je l'avoue, me sembleraient mériter d'être suivies.

sérables sacrifices de la probité littéraire, qu'il convient mieux d'appeler tout court la probité ? Plus d'une cause respectable a des griefs contre Voltaire : mais ici nous prétendons ignorer tout le reste, pour nous en tenir à Corneille commenté par lui, et, dans ce Commentaire, aux trahisons proprement dites. Car il ne serait ni bien utile, ni assez nouveau aujourd'hui, de relever à notre tour ce qui a tant déplu aux meilleurs critiques, savoir, que jamais un jeune lecteur n'a pu apprendre, dans le Commentaire, l'admiration et le respect dûs au grand tragique ; que la noblesse des conceptions, des caractères, des pensées, y est ravalée sans cesse ; et que les remarques de style, trivialement offertes *pour l'instruction des jeunes gens, des étrangers qui apprennent notre langue* [1], rendent souvent méconnaissables la poésie et l'éloquence des images, des tournures et des expressions. Aussi voyons-nous se soutenir une réaction purement littéraire, contre tant de réticences ou de tristes parodies de ce qui est sublime. Cela était suspect de *jésuitisme* en 1817, quand un éditeur, M. Lepan, proposait son *Corneille* à la souscription du roi et de la cour. Mais aujourd'hui l'on ne peut plus donner au public le Corneille de Voltaire sans l'antidote des remarques loyales et judicieuses de Palissot, de M. Lepan lui-même, et de beaucoup d'autres. Nous avons sous la main un excellent travail de ce genre, modestement consacré à la jeunesse des écoles, par le savant M. Naudet, sur la tragédie de Nicomède [2]. Il faut applaudir à ce mouvement de justice et de saine

[1] Dédicace à l'Académie française ; et *passim*, à tout instant.
[2] Ce n'est guère qu'arrivé à la présente page, que j'ai pris connaissance de la préface remarquable de M. Naudet ; j'ai besoin de le déclarer, car je m'honorerais d'en avoir été inspiré dans cet essai. Prenez cette préface, qui résulte d'une lecture clairvoyante de la pièce, des enseignements de Corneille sur son ouvrage, et de l'histoire indiquée du doigt par Corneille : supposez ensuite qu'on découvrit en Espagne ou ailleurs un *Nicomède*, avec Prusias, Arsinoé, Attale, plus une donnée conforme à Corneille comme le beau rapprochement anachronistique d'Annibal, et, par-dessus le tout, autant d'extravagances qu'on voudra, combinées à de tels éléments, *introuvables* à l'extravagance, et demandez à M. Naudet si la pièce étrangère, dont on ne saura pas la date, *pourrait* être antérieure au Nicomède de Corneille. L'honorable écrivain haussera les épaules. C'est la parité exacte de l'*Héraclius* ; seulement, ici, les données historiques, au lieu de s'appeler les unes les autres directement, comme dans *Nicomède*, se repoussent, et ne se provoquent dans l'esprit de l'inventeur que par les contraires, par hypothèse en sens inverse du fait de l'histoire : phénomène plus rare dans l'origine des idées, et essentiellement individuel.

critique, et l'on peut aisément apercevoir, sous les formes contenues de ces discussions, la conscience indignée du censeur qui n'aime pas à corriger Voltaire, et qui ne peut s'empêcher de signaler, dans ces apparentes erreurs, de véritables hostilités contre Corneille : mais enfin, ce que nous nous proposons d'examiner ici, ce sont les procédés, les *actes* qui accompagnent ces erreurs. Pourquoi faut-il que tous ces loyaux commentateurs nous aient laissé intacts, depuis si long-temps, les plus sérieux sujets de réclamation, et que leur silence sur de tels griefs ait paru passer condamnation contre Corneille ? Dans notre manière de l'entendre, une date falsifiée, une pièce du dossier détournée, seront pour nous quelque chose de plus grave que les plus mauvaises chicanes littéraires, sur lesquelles il est toujours possible d'équivoquer, quand c'est Voltaire qui les signe.

Aussi bien, ne faut-il point demander à un grand artiste de s'enfermer dans l'atelier d'un autre grand artiste, de se pénétrer de sa manière et de son esprit, de s'en faire le proxénète et l'apôtre. Et que deviendraient l'activité, la fécondité propre de l'homme de génie ? Voyez plutôt, dans le tableau d'Horace Vernet, l'air grognard et le regard *bieco* de Michel-Ange, qui passe, en descendant les degrés du Vatican, devant Raphaël, qu'il voit occupé à l'un de ses dessins inimitables. Voltaire n'est sans doute pas Michel-Ange en poésie, et, quand il donnait au Commentaire ses plus mauvais quarts d'heure, n'ayant, disait-il, *que deux heures de bon dans la journée*, c'est à *Zulime* et à *Olympie* qu'il consacrait ses méditations tragiques. Mais Voltaire est un grand poète : il avait orné la scène française d'autres ouvrages que Zulime et qu'Olympie ; il était vieux : mais ce prodigieux vieillard composait encore, dix ans après, l'*Épître à Horace*, à soixante dix-huit ans ! Disons donc que le projet de commenter Corneille était mal placé entre ses mains. Il ne pouvait embrasser *son rival* que pour l'étouffer, même involontairement. Cela une fois convenu, nous pourrions lui passer bien des injustices : mais, si j'y vois des signes de préméditation et de manœuvre perfide, c'est alors, c'est sur quoi je dois me récrier.

Quelque joie que trouvât Voltaire à déprimer les gloires rivales de la sienne, il n'eût certainement pas entrepris de lui-même ce traînant labeur grammatical, où l'on croit voir le cheval de bataille s'ateler à une charrue. Il est bien entendu aussi que l'entreprise, convenablement traitée, ne devait pas se réduire à des admirations et des apologies. Elle n'avait pour Voltaire qu'un ou deux côtés brillants, mais très brillants et honorables ; c'était la petite-nièce de Corneille qui devait y gagner une dot de quarante ou soixante mille francs, par une souscription européenne ; noble pensée, si le grand Corneille n'avait dû payer si cher ce don royal fait à sa jeune postérité ; c'était encore cette souscription elle-même, accueillie dans les cours les plus catholiques au nom de Voltaire proscrit et réprouvé ; immense prospectus, nouveau à cette époque, de la gloire du commentateur[1].

Mais hors de là, quelles impatiences ne dut pas causer à un tel homme un travail si détaillé, si rempli de broussailles et de petits achoppements ! Songe-t-il à prendre pour base, comme doit le faire tout humble commentateur, la collation des textes de son auteur ? ne lui demandez pas cela ; ou seulement les bonnes éditions avouées comme définitives par Corneille ? nullement. Il prend, comme au hasard, pour les plus belles pièces, l'édition de 1644, qui lui procure l'avantage de censurer aigrement des vers déjà corrigés par son auteur, et donne au public, par centaines, précisément les mauvaises leçons. Il connaissait et feuilletait bien certainement l'édition de Jolly, mais il ne la suivait pas. Il avait fini avec les premiers chefs-d'œuvre, quand l'Académie française lui envoya l'une des bonnes éditions corrigées de Corneille, et, bien entendu, il ne revint point sur ses pas ; son siége était fait.

Sa merveilleuse correspondance n'est nulle part plus riche en perspectives intérieures, nulle part plus amusante, plus triste si l'on veut, et plus instructive, que dans les renseignements qu'elle donne sur l'exécution et l'esprit du Commentaire. Il avait fallu, pour le succès du programme, que l'Académie française y mît son attache, qu'elle parût avoir expressément chargé Voltaire de préparer cette belle édition d'un classique. De Ferney, Voltaire la tient occupée long-temps et souvent, en séances ordinaires, de ses cahiers ou de ses épreuves qu'il lui envoie à mesure, comme pour recevoir ses avis.

L'Académie se montre visiblement, mais avec discrétion, peu satisfaite de tant d'aigreur, de légèreté, d'impertinence envers Cor-

---

[1] La pièce la plus curieuse de la première édition du Commentaire (1764), c'est la liste des souscripteurs, à la fin du douzième volume.

neille. Ses contre-critiques de détail, ses remontrances générales en faveur de la justice ou des simples convenances, sont confiées à Duclos, le secrétaire perpétuel, et surtout à D'Alembert, le correspondant intime de Ferney, qui les transmettent honorablement; mais elles ne sont pas reçues de même. Tout ce qui fut ainsi envoyé sous forme de notes est perdu; mais les lettres de D'Alembert, que nous avons, ne sont pas moins remarquables que les réponses. Voltaire n'écoute pas, et ne fait pas semblant d'entendre, sauf quand il montre de temps en temps la griffe. Son cher philosophe, assez droit et fidèle, mais très adroit, insiste presque uniquement sur les ménagements extérieurs à garder envers une gloire si imposante à l'opinion publique; il n'est que l'interprète des murmures auxquels il ne veut pas avoir l'air de prendre part, faisant bon marché de Corneille, ainsi que de son avis personnel. « Le diable m'emporte, dit-il, si j'y entends rien... Vous avez toute raison, mais, pour Dieu, soyez poli.... Si vous multipliez les croquignoles, multipliez aussi les révérences. » Il rit lui aussi, du bout des lèvres, de *Gilles* Shakspeare et de son *arlequinade* de Jules César, traduite comme telle par Voltaire, à l'occasion de Cinna. Il *s'en rapporte* à la traduction de Calderon, tout comme il fait pour celle du drame anglais; et celle-ci, il l'avait critiquée très sensément en temps utile, mais sans succès. Enfin, il se résigne à peu près à trouver bien ce qu'il n'a pu empêcher. Voltaire, à qui une opposition aussi coulante convient assez, faute de mieux, se livre, dans le secret de l'intimité, à ses cyniques dédains pour son maître Corneille, pour son vieux général. L'âpre et inexorable égoïsme d'auteur l'avait engagé dans une lutte de mauvais vouloir et d'insolence; il en garda rancune à l'Académie, et, après le beau profit qu'il avait fait de ses conseils, il lui adressa une Dédicace profondément ironique, bien recouverte d'une forme extérieure irréprochable, sauf le *très humble et très obéissant serviteur*, qu'il éluda lestement, et ne voulut pas rendre, malgré les réclamations. Puis, dix ans après, quand vint le moment de réimprimer, sans bruit et sans contrôle, son Commentaire (en 1774), il eut bien soin d'y rétablir quelques traits amers et irrévérencieux qu'il s'était vu forcé d'en retrancher à la première édition.

Je regrette d'avoir trop vite et trop faiblement résumé la curieuse comédie que présentent ces nombreuses pages de la *Correspon-*

dance[1]. C'est là que je renvoie ceux qui me reprocheraient d'avoir chargé les traits du tableau; mais j'ai cru devoir l'esquisser, pour indiquer les circonstances et faire pressentir l'esprit qui domine dans les enquêtes de Voltaire sur l'originalité de Corneille.

Il y en avait plusieurs à faire pour une curiosité sincère et bien entendue, avant celle d'Héraclius. Le rapprochement des *Mocedades del Cid* de G. de Castro avec le Cid français, était une fort belle étude à faire : il n'y songea point; de ce côté-là, il s'avisa d'une autre idée... Mais c'est un fait grave à rapporter ci-après. Rien de plus utile aussi et de plus intéressant que de traduire, à côté du Menteur de Corneille, toute la pièce originale de J. Ruiz de Alarcon. Voltaire ne songe pas à la connaître : il ne lit pas même l'*Examen* de Corneille, dans lequel le poète, en 1660, reconnaît avec bonhomie qu'autrefois trompé par son édition de la pièce espagnole, *la Verdad sospechosa*, il l'avait attribuée à Lope de Vega, mais que, puisque don Juan de Alarcon la réclame comme sienne, il n'y met, quant à lui, aucune opposition, et se borne à l'admirer de tout son cœur. Comme si Corneille n'eût averti de rien, il continue de mettre la pièce sur le compte de Lope, qu'il ne cessa jamais d'appeler *Lopez*, en se donnant l'air de

---

[1] Il aurait fallu beaucoup extraire, mais chacun pourra s'amuser à rapprocher lui-même ces traits, en parcourant avec quelque attention les lettres de cette époque, 1761 et 1762, à D'Alembert, à Duclos, à D'Olivet, à D'Argental, à Damilaville, à Saurin, au cardinal de Bernis, etc. C'est un examen de bonne foi que nous provoquons. Avec les inégalités d'humeur de Voltaire, et ses correctifs calculés, on peut contester ce que nous affirmons du mauvais esprit qui le domine. Un jour, il écrit à Cideville, d'un mouvement jeune et honnête : « Je viens de relire le Cid ; Pierre, je vous adore ! » Mais c'était avant de prendre la plume, et au moment de lancer le prospectus de mademoiselle Corneille. A quelque temps de là : « ...Mais je commente Corneille : oui ; qu'il en remercie sa nièce, » dit-il à D'Alembert. Cette animosité lui est venue de bonne heure, et ne le quitte plus. Il faut encore observer que M. de Cideville vivait à Rouen, dans la cité toujours fière de Corneille, et qu'il y appartenait à l'Académie. Ce fut lui sans doute qui détermina l'Académie rouennaise à une certaine démarche de reconnaissance auprès de Voltaire, pour l'honneur fait à la mémoire de Corneille par la publication du Commentaire. Voltaire apprécia et mit à profit la circonstance, en répondant avec courtoisie par un éloge de Corneille, le seul juste et complet qu'il ait écrit, dans une lettre qui tranche vivement avec le reste de sa correspondance sur ce sujet, et qu'il donne habilement comme une sorte d'expression et de résumé de son travail. — On sait à quelle pieuse intention il rapporta son *Mahomet*, en le mettant aux pieds du Saint-Père.

connaître *Lopez*. Non seulement Voltaire oublia de lire l'Examen du Menteur, il oublia même de l'imprimer. Que vous semble d'un pareil oubli? Mais ce ne sont là que des bagatelles, à moins qu'il ne l'ait fait exprès... Passons toutefois : nous n'avons pas encore le droit d'être si méfiants, et il ne faut accuser les intentions que sur preuves manifestes.

Enfin, quant à l'Héraclius, Voltaire faisait fort bien d'écrire à son tour en Espagne, mais l'évidence que nous avons attestée aurait dû le frapper plus que tout autre, lui poète dramatique et historien. Il lui appartenait de voir que, sans sortir de France, le doute n'était pas raisonnable. Rien de mieux, d'ailleurs, que de vouloir lire l'Héraclius de Calderon, et de demander, s'il était possible, la date de la première édition, après qu'il aurait eu d'abord bien lu Corneille. Il eût pu à loisir s'informer du théâtre de Calderon ; il eût même bien fait de l'acheter, car il avait le choix de deux éditions complètes en dix volumes environ, même d'une troisième qui se publiait alors. Ce n'était pas une dépense, eu égard à cette longue leçon de langue et de littérature espagnole, qu'il voulait prendre, pour la transmettre immédiatement à la France.

Mais il était autrement inspiré. Son parti était pris contre Corneille, nous le voyons en plus d'une autre occasion, comme en celle-ci. L'édition de Gabriel Jolly, dont nous avons parlé[1], lui offrait à combattre, outre les allégations de son très cher et révérend père Tournemine, un argument déjà signalé, argument bien simple et bien sérieux, qu'il a feint constamment de ne point voir : Corneille était honnête homme ; quand il a eu à déclarer des imitations, il l'a fait ; sa candeur y était engagée depuis les luttes du Cid ; il avait lui-même annoté Pompée avec les vers de Lucain, comme le Cid avec ceux de Guillen de Castro (vers l'année 1644) ; il l'avait fait d'impatience, par une sorte de scrupule dédaigneux à l'égard des insinuations envieuses, et plus tard, sans doute, il ne voulut point, dans les dernières éditions, continuer de reproduire lui-même ces quittances de détail ; mais, quand Corneille ne dit rien d'un prétendu modèle, quand il appelle lui-même tout exprès sa tragédie d'Héraclius « un *original*

---

[1] Il s'abstient soigneusement de mentionner cette édition, mais il nous est démontré qu'il la connaissait, ou tout au moins que les arguments en question lui étaient allégués par l'Académie.

« dont on a fait de belles copies », il faut en croire Corneille !
Voltaire ne fait pas semblant d'entendre cela [1].

Il fait passer à Madrid, par l'entremise de ses amis, mais avec
mystère, une note portant une série de questions qui ne se sont point
conservées. Le Consul général de France à Madrid remit ces questions aux bibliothécaires de la cour, notamment à La Huerta, poète
estimé, critique ignorant et très violent, qui, par aversion pour
l'école française, déclina le soin d'y répondre [2]. On les transmit alors
à l'ex-bibliothécaire Gregorio Mayans y Siscar, grand jurisconsulte
et polygraphe infatigable, dont la vanité aspirait à une réputation
européenne en fait d'érudition. Ce fut lui qui répondit, charmé sans
doute d'avoir à satisfaire M. de Voltaire, et il devait se montrer fort
enclin à y mettre de la complaisance, en suivant la direction et la
pente des questions, quand même il eût été possible à un espagnol
de ne pas revendiquer pour sa nation toutes les priorités imaginables
d'invention littéraire. Du reste, je ne pense pas qu'il fût bien fanatique de poésie espagnole, ni qu'il eût eu beaucoup de temps à donner
dans sa vie aux ouvrages dramatiques. Toutefois, il faudrait que cet
ex-bibliothécaire royal eût été de la dernière ignorance, pour répondre les choses que Voltaire lui attribua. Un fidèle extrait de cette
réponse de Mayans aurait dû trouver place dans la dissertation finale
ou dans la préface que Voltaire ajouta à sa traduction d'Héraclius ;
de tels renseignements se reproduisent à la lettre ou à peu près. Point
du tout : l'érudition espagnole de Voltaire se para du nom de ce
savant, sans oser lui faire dire expressément tout ce qu'elle voulait
faire croire au public, et La Huerta s'abstient très justement de rendre
son docte devancier responsable de tous ces *absurdos*, comme il les
appelle dans l'écrit déjà indiqué.

[1] Il doit être bien entendu que l'allusion à ces *belles copies* de l'Héraclius,
faites *sitôt qu'il a paru*, ne pouvait nullement désigner la pièce de Calderon, qui
n'existait pas encore, ou qui certainement n'était pas imprimée à l'époque où
Corneille donnait cet *Examen*, c'est-à-dire treize ans après sa propre publication.

[2] Lui-même le raconte ainsi dans le prologue diffus de son *Theatro hespañol*,
t. I. — Voltaire est singulièrement mystérieux sur certains points de fait qu'on
ne supprime pas quand on procède simplement. Du reste, La Huerta devait être
mieux en mesure que personne de donner une réponse sur le point chronologique ; mais il en aurait trop coûté à son rude préjugé espagnol. Quoique traducteur de Zaïre, ce La Huerta est intraitable.

Personne mieux que Voltaire ne sut jamais faire diverse mesure, selon l'occurrence, au public, aux gens de lettres, aux correspondants divers : il est curieux de voir la manière dont il distribue ses renseignements sur l'Héraclius de Calderon. Avec Duclos, dans ses communications semi-officielles à l'Académie, il sait imperturbablement la date de cette pièce ; *et il la donne* presque comme s'il l'avait vue : c'est qu'il était bien aise de mater ces messieurs, et qu'avec une date rondement articulée, il a de quoi fermer la bouche à toute l'Académie française sur l'originalité de Corneille, qui y trouvait sans doute quelques défenseurs ; en face du public, il affirmera vaguement cette date, sans dire de quelle part (*Dissert. sur l'Héraclius esp.*);.... avec le docte Mayans, il convient tout net qu'on l'ignore. Comparez les textes de la même époque. Tout serait piquant dans ces citations : le concours de tant de petites faussetés inégalement réparties mériterait un examen détaillé ; bornons-nous à quelques lignes : « Je me suis mis », dit-il à Duclos le 23 avril 1762, « je me suis mis
« à traduire l'Héraclius espagnol; *imprimé à Madrid, en* 1643, sous
« ce titre : *La famosa Comedia* EN ESTA VIDA TODO ES VERDAD Y TODO
« ES (*sic*) MENTIRA, *fiesta que se representó a sus Magestades en el*
« *salon real del*[1] *Palacio.* Le savant qui m'a déterré cette édition
« *prodigieusement rare* prétend que *sus Magestades* veut dire Philippe
« et Élisabeth, fille de Henri IV, qui aimait passionnément la comé-
« die, et qui y menait son grave mari. Elle s'en repentit, car Phi-
« lippe IV devint amoureux d'une comédienne, et en eut don Juan
« d'Autriche. Il *devint* dévot et *n'alla plus au spectacle* après la mort
« d'Élisabeth. Or, Élisabeth mourut en 1644, et *mon savant prétend*
« *que la famosa Comedia,* jouée en 1640, fut imprimée en 1643;
« mais, *comme mon exemplaire est sans date*, il faut en croire mon
« savant *sur sa parole*. Le fait est que cette tragédie est à faire mourir
« de rire d'un bout à l'autre... » Etc.

Quelques semaines après (15 juin), Voltaire, se souvenant de ses obligations à don Gregorio Mayans, lui écrit une lettre de remercîments qui est une perle d'impertinence demi-railleuse, où il dit entre autres choses : « Entre nous, je crois que Corneille a puisé *tout* le
« sujet d'Héraclius dans Calderon. Ce Calderon me paraît une tête

---

[1] Il y a *de Palacio*, mais Voltaire croyait peut-être rectifier, faute de savoir cet idiotisme emphatique.

« si chaude (sauf respect), si extravagante, et quelquefois *si sublime*,
« qu'il est impossible que ce ne soit pas la nature pure. » Plus loin,
il ajoute innocemment : « Je crois qu'il suffit de mettre sous les
« yeux la *famosa Comedia*, pour faire voir que Calderon *ne l'a pas*
« *volée.* » Mais voici le meilleur : « Le point important est de savoir
« en quelle année la *famosa Comedia* fut jouée devant *ambas Mages-*
« *tades. C'est ce que je vous ai demandé, et je vois qu'il est impossible*
« *de le savoir.* »

Cela est clair : le blanc et le noir ne peuvent s'appliquer plus nettement sur un même fait. Voici maintenant la demi-teinte employée à l'usage du public, dans la *Dissertation sur l'Héraclius espagnol.* Je soupçonnerais que Mayans, passant condamnation dans sa réponse sur l'époque trop réelle de la pièce *imprimée* (1664), ne pouvait pas être mis en avant sur ce point : mais qu'il avait bien pu, à l'aide d'arguments très puérils, se retrancher sur la possibilité de la pièce *jouée* dès avant 1646. La ressource est chétive, mais Voltaire saura bien en tirer parti. « *On ne sait pas précisément* en quelle année la « *famosa Comedia*[1] *fut jouée* : mais *on est sûr* que ce ne peut être « plus tôt qu'en 1637, et plus tard qu'en 1640. Elle se trouve citée, « *dit-on*, dans *des romances de* 1641. » Ce *dit-on* est charmant, ainsi que ces romances citant ces représentations : qui les trouverait mériterait une récompense honnête. De vieux *romances* figurent textuellement, il est vrai, dans des comédies : il y en a de semblables dans le Cid de Castro ; mais l'inverse, des romances citant des comédies, est ridicule. Mayans aurait cité infailliblement, et Voltaire aurait transcrit la citation décisive ; il en aurait parlé à l'Académie, s'il n'y avait pas là une de ces erreurs bénévoles que personne ne viendra contrôler, du moins on l'espère, et dont on se réserve l'excuse à la faveur d'une méprise de détail. Il paraît que Mayans avait répondu en latin, par courtoisie : ses termes de littérature moderne devaient être un peu confus. Mais, après cette preuve, qui, si elle était sérieuse, serait péremptoire, autant Voltaire vient de glisser rapidement sur le point décisif, autant il s'étendra sur l'argument le plus futile. Celui-là, il le doit réellement à don Gregorio : il lui demande, dans sa lettre, la permission de s'en servir, indice de la réserve presque honteuse du critique espagnol,

---

[1] Voltaire paraît très frappé de cet adjectif *famosa*, qui, pendant deux siècles, accompagna indifféremment toutes les comédies espagnoles.

réduit à de pareilles inductions. C'est une phrase d'un éloge de Calderon, composé après sa mort par un prêtre de ses amis ; un de ces éloges qu'on fabriquait pour les approbations de livres, et auprès desquels nos plus mauvaises amplifications de rhétorique sont des modèles de simplicité. « Ce que j'admire le plus dans ce rare génie, dit le panégyriste de Calderon, c'est qu'*il n'imita personne.* » Voyez dans Voltaire, le soin avec lequel il développe ce grave argument en faveur de l'Héraclius espagnol, et dites si vous croyez qu'il pût en être dupe. Il oublie d'ailleurs de donner au public cette date triomphante de l'impression, 1643, qu'il a donnée à l'Académie selon son bon plaisir, ou sur la foi de *son savant*, quoique son exemplaire soit *sans date*. Le public se contentera des romances de 1641.

Du reste, et pour cause, Voltaire, dans sa lettre, ne remercie aucunement don Gregorio de cette édition *prodigieusement rare* qu'il en avait reçue ; nous ne savons si c'est en payant, mais nous savons que Mayans n'était pas riche, et qu'il demandait avec instance des subventions d'auteur. Il faut bien dire ce qu'était cette édition prodigieusement rare, et accorder à la loyauté espagnole que ce n'est pas le grave Mayans, un ex-bibliothécaire, qui, en la donnant pour telle, aurait fait un véritable tour de *picaro*. Car il est bon de savoir qu'il n'existe point d'édition rare de cette comédie *sans date*. Quatre maravédis devaient en avoir soldé la dépense en Espagne, et je me suis donné la satisfaction d'acheter un exemplaire probablement pareil ou équivalent à celui de Voltaire, chez un libraire de Paris, au prix peu exorbitant de 1 franc 25 centimes. Voici le mystère. Calderon avait laissé bien souvent imprimer ses pièces isolées par des libraires qui les joignaient à d'autres de divers auteurs. Cependant, une lettre intéressante qui reste de lui, précisément en tête du volume où son Héraclius se présente le premier, nous apprend qu'il voulut défendre, le plus possible en ces temps-là, ses droits de propriété. Il mourut ne laissant que quatre volumes remplis de comédies exclusivement de lui, à douze par volume, selon l'usage, plus un seul tôme de ses *Autos sacramentales*. La comédie *En esta vida...* est la première du troisième volume (*tercera parte*) : elle ne figure, que je sache, dans aucun recueil antérieur, et ce volume est daté de 1664. Si l'exemplaire *prodigieusement rare* est sans date, c'est tout simplement parce que ces sortes de livres en

Espagne, toujours imprimés sous forme compacte, petit in-4° à deux colonnes, sont disposés de manière à pouvoir être disloqués par tirages partiels, et débités en autant de cahiers qu'ils contiennent de comédies, et que la date figure seulement sur le frontispice général, ainsi que dans les feuillets d'approbations, privilèges, taxes, *erratas* certifiés, etc., valables pour tout le volume. Cet usage économique a devancé nos *livraisons* compactes les plus populaires, et subsiste encore à peu près le même en Espagne. Or, la preuve m'est acquise par le développement du titre de Voltaire, *Fiesta que se representó...* que ce fragment de volume envoyé à Voltaire ne provient pas même du volume original donné sous les yeux de Calderon en 1664, car cette circonstance de la représentation devant Leurs Majestés (il s'agit de Philippe IV et de Marie-Anne d'Autriche sa seconde femme), n'y est pas jointe au titre; et, d'une autre part, la preuve presque complète m'est également acquise que les comédies de ce volume, et notamment celle dont il s'agit, ne figuraient point dans les recueils antérieurs, quelle que fût alors la facilité laissée aux libraires d'anticiper sur les éditions originales de comédies, ou de les contrefaire après coup. Cette preuve, que je veux bien appeler *presque* complète, résulte des explications données par Calderon lui-même en tête du volume en question : voir sa dédicace et la lettre qui suit, à lui adressée par son éditeur, portant que cette publication est destinée à préserver ces comédies du destin qu'ont éprouvé tant d'autres pièces de l'auteur, défigurées par des impressions frauduleuses, *hurtadas*, *agenas y defectuosas*. Une preuve semblable pourrait résulter d'une recherche dans les nombreux recueils de comedias *sueltas* (*isolées*), antérieurs non seulement à 1664, mais (si l'on songe encore à constater matériellement la priorité de Corneille) antérieurs à 1647. Quelque superflue que me paraisse cette recherche, j'en ai constaté le résultat négatif sur un bon nombre de ces recueils : mais qui pourrait les atteindre tous ?

Que si don Gregorio Mayans, qui était fort occupé, s'est borné à faire acheter cette *rare* édition, ce cahier d'impression commune et malpropre, dans ces échoppes à prix fixe où l'on en trouve par milliers en Espagne, le même don Gregorio n'avait pas non plus fait autant de frais en critique que Voltaire veut bien nous le faire croire. Où donc aurait-il pu voir, et jamais espagnol a-t-il pu dire que ce

roi si passionné pour le théâtre, que Philippe IV cessa *par dévotion* d'aller à la comédie? Mais c'est là une hypothèse toute française, empruntée des souvenirs, familiers à Voltaire, de la vieillesse de Louis XIV! Toute sa vie le beau-père de Louis XIV demeura fidèle au théâtre. Quand il fut moins occupé de galanteries, ce monarque, qui ne régnait guère par lui-même, mais qui gouverna constamment ses poètes dramatiques, comme faisait en France le cardinal de Richelieu, semble en effet avoir commandé un peu plus fréquemment des *comedias santas* à Calderon, à Moreto, à Solis, à d'autres *ingenios* plus jeunes et fort médiocres, tels que Diamante, Matos Fragoso, Zavaleta, Zarate, etc.; mais, saintes ou profanes, héroïques, galantes ou bouffonnes (les différences réelles étaient fort légères, d'autant plus que toutes sont chastes au point de vue espagnol [1]), il lui fallut toujours des comédies *en el salon real de Palacio*, à *Buen-Retiro*, à *la Zarzuela*, indépendamment des *autos*. Peu d'années avant sa mort, l'ambassade française de 1659, à Madrid, le voyait solennellement appliqué à ces longs spectacles : dans les mémoires du maréchal duc de Grammont, chargé de cette ambassade, on voit quelle était l'habitude des grands d'assister debout et couverts à la comédie jouée devant le roi. Écoutons un autre témoin : « Le meilleur de tout,
« et que je vous garde pour la bonne bouche, c'est la comédie qui se
« vient de faire au palais, à la lueur de six gros flambeaux de cire
« blanche seulement, qui sont véritablement dans des chandeliers
« d'argent d'une grandeur prodigieuse... Le roi, la reine et l'infante
« sont entrés après une de ces dames, qui portait un flambeau...
« Pendant toute la comédie, hormis une parole qu'il a dite à la reine,
« il n'a pas branlé ni des pieds, ni des mains, ni de la tête, tournant
« seulement les yeux quelquefois de côté et d'autre, et n'ayant per-

---

[1] Il ne faudrait pas croire que la grossièreté ou l'effronterie du langage se produisent nulle part dans le théâtre espagnol du xviie siècle. Voltaire suppose gratuitement tout le contraire dans sa lettre à Mayans : il lui adresse à ce sujet, sur les pièces *ordurières* de Calderon, une sorte de risée d'intelligence qui devait sembler bien froide à son correspondant. Un drame sur un sujet comme celui de *Léocadie* par exemple, ou comme l'aventure de *Bireno* et d'*Olimpia*, d'après l'Arioste, pouvait être développé, surtout à cette époque, sans que l'on y trouvât une ombre de scandale, sans que l'expression naïve des détails contînt la moindre indécence. C'est aussi ce qui arrivait constamment. Le goût public et la censure ecclésiastique devaient s'entendre facilement à cet égard.

« sonne auprès de lui qu'un nain[1]. » On imagine difficilement la profonde frivolité du grave et pieux Philippe IV. C'est ce long règne qui vit fleurir l'école espagnole des casuistes de Pascal et celle du théâtre de Calderon, dont ces pères étaient aussi épris que le roi : quelques oppositions rigoristes contre la comédie ne vinrent que plus tard. Ces deux écoles, par les doctrines communes qu'elles développent et les habitudes qu'elles déterminent en Espagne, se recommandent également à l'attention de l'histoire.

Une conjecture très vraisemblable et qui comporterait une recherche intéressante, c'est que Philippe IV désignait souvent lui-même les sujets de comédie à ses poètes ordinaires ; on sait qu'une ou deux mauvaises pièces passent pour être de sa composition ; on sait aussi qu'un jour le monarque, répétant une scène, dans le rôle du Père éternel, avec Calderon, chargé de celui d'Adam, interrompait gaîment une trop longue tirade du poète, en s'écriant : « Parbleu, j'ai créé là un Adam bien bavard ! » — Or, pour s'expliquer cette rare mais indubitable imitation du français dans l'Héraclius espagnol, il me semble permis de conjecturer que Philippe IV y fut pour quelque chose ; que, disposé depuis la paix et les conférences des Pyrénées à traiter gracieusement les arts et les idées françaises, il voulut avoir sur son théâtre quelque échantillon du nôtre ; qu'enfin il chargea son plus habile poète, probablement aussi étranger que lui-même à notre langue, d'affubler à l'espagnole une pensée du célèbre Corneille, au risque d'humilier la France, dans cette lutte nouvelle, de toute la supériorité du style *culto* et de l'entortillage castillan. On avait été assez rudement éprouvé sur d'autres champs de bataille, pour se permettre sans inconvénient cette pacifique revanche.

Aussi bien l'Héraclius, dont la cause nous paraît maintenant jugée, n'était-il pas l'unique emprunt, ni le premier, fait au théâtre français par l'Espagne.

VII.

La guerre n'avait point empêché la gloire du Cid de passer les Pyrénées dès avant 1658 : nous avons sous les yeux un livre de comédies espagnoles de divers auteurs, daté de cette même année,

---

[1] *Mémoires de madame de Motteville*, t. V. Lettre de son frère, qui faisait partie de l'ambassade.

où figure en tête une traduction du Cid, sous le titre : *El Honrador de su padre* (le Vengeur de l'honneur de son père)[1], par J.-Bapt. Diamante.

Il est vrai que cette pièce n'est annoncée, ni comme traduction, ni comme imitation, ni avec le nom de l'auteur traduit, ainsi qu'on ferait de nos jours : mais alors, indépendamment de l'état de guerre, on n'y regardait pas de si près. Il est vrai encore que la traduction, interpolée d'accessoires bouffons ou autres, à l'espagnole, ne s'étend à peu près qu'aux trois quarts de l'ouvrage, et se termine par un dénouement autrement conduit que celui de Corneille.

Ce phénomène est singulier. Il atteste l'éclat que fit en Europe notre premier chef-d'œuvre, et peut-être, pour concevoir que l'Espagne en fût ainsi frappée, nous permettra-t-on d'imaginer que, vers cette époque, un illustre connaisseur en fait d'ouvrages d'esprit, alors déserteur chez l'ennemi qui le recevait à bras ouverts, que le grand Condé trouva plus d'une occasion de relever son nom de Français, en vantant aux Espagnols une gloire nationale plus pure que la sienne.

On peut d'autant mieux s'étonner de l'existence de cette traduction, que les Espagnols étaient en droit de s'honorer d'avoir été en partie traduits eux-mêmes par Corneille, et de s'en tenir au modèle *avoué par lui*, à l'ouvrage très remarquable de Guillen de Castro, *Las Mocedades del Cid* (Traits de la jeunesse du Cid).[2] Ils pouvaient rappeler ce titre original à meilleur droit que les Scudéry, les Claveret, et la cabale envieuse ne l'avait pu en 1637, lorsque cette cabale étalait avec tant de zèle les moindres vers de Castro, imités, agrandis par ceux de Corneille ; et, lorsque le grand et honnête

---

[1] *Comedias nuevas escogidas*, etc. *Onzena parte*. Madrid, 1658, in-4°. Peut-être faut-il attribuer à quelque succès qu'aurait obtenu cette mauvaise et infidèle traduction, sa place en tête du volume, et l'existence dans un autre recueil (Madrid 1665), d'une autre pièce, dont le Cid est le héros, ainsi intitulée : *El Honrador de sus hijas*. Dans ce mauvais drame, également originaire des vieux romanceros, le Cid châtie les comtes de Carrion, époux de ses deux filles, qu'ils ont déshonorées par leur poltronnerie en fuyant devant un lion échappé à ses gardiens. L'auteur est Francisco Polo.

[2] Bien entendu la *primera parte* ; on a du même auteur, sous le même titre, comme *seconde partie* de cette *jeunesse*, un drame pris à l'époque de la maturité du héros.

homme, attaqué à outrance comme pour un plagiat dissimulé, s'écriait qu'il n'avait jamais fait mystère à personne de ses obligations envers la pièce espagnole, ajoutant : « ... Que même j'en ai porté l'original en sa langue à M. le cardinal votre maître et le mien ». Voltaire annote cette phrase sur le mot *maître*. Il voyait bien, du moins à l'époque de sa seconde édition, un autre commentaire plus grave, auquel il donnait lieu lui-même par une inconcevable témérité ; mais ce commentaire flétrissant pour Corneille, il n'était pas bien aise de l'écrire lui-même, tout en le suggérant au lecteur. Ceux qui l'ignorent verront tout à l'heure de quoi il s'agit.

Le nombre des vers empruntés de l'espagnol ne laissait pas de s'élever à environ cent soixante, sur environ deux cents de la forme étroite du mètre espagnol. Les principales données dramatiques appartenaient à Castro, non-seulement celles qui se confondent avec les légendes des *romanceros*, dont il use naïvement jusqu'à en copier les couplets, mais surtout la grande idée dramatique fondamentale, celle de rendre Rodrigue et Chimène amoureux l'un de l'autre avant la querelle de leurs pères. Cette idée manquait tout-à-fait à ces vieux récits, et pourtant elle se trouve indiquée dans la romanesque histoire de Mariana ; ce que Corneille nota soigneusement, sans rien contester de ses obligations envers le poète valencien. Il en vint même, comme nous l'avons dit, à imprimer, au bas des pages de certaines éditions du Cid, les vers espagnols imités ; jusqu'au moment où il balaya tous les accessoires plus ou moins incohérents ou mesquins de ses éditions, pour donner son théâtre, escorté seulement des trois Discours et des Examens, comme l'expression dernière de son expérience d'artiste, éclairée par le temps et par la série de ses propres travaux.

Il s'était passé juste un siècle sans que personne eût songé à chercher quelle traduction les Espagnols pouvaient avoir faite du Cid, sans que J.-B. Diamante eût été nommé quelque part dans la critique française. Si ce nom avait dû paraître quelque part, c'est dans la notice donnée par Fontenelle sur Corneille son oncle, lorsqu'il y disait : « M. Corneille avait, dans son cabinet, cette pièce
« traduite dans toutes les langues de l'Europe.... Elle était en alle-
« mand, en anglais, en flamand... ; elle était en italien, *et, ce qui est*
« *plus étonnant, en espagnol. Les Espagnols avaient bien voulu*
« *copier eux-mêmes une pièce dont l'original leur appartenait.* »

Ni Fontenelle, ni Voltaire après lui, n'avaient cherché à connaître cette traduction : cela est peu surprenant, et on peut presque dire, comme le fabuliste : *je ne l'aurais pas ramassée.* Voltaire avait même livré au public, au commencement de 1764, son Commentaire, première édition, lorsqu'il lui survint, six mois après, une bien étrange révélation. — Les termes manquent pour caractériser ce qu'il va faire. Pas un mot d'éclaircissement ne résulte de sa correspondance ni d'ailleurs.

A cette époque, il jetait quelquefois dans un journal naissant intitulé: *Gazette littéraire*, des articles qu'on trouve réunis au nombre d'une vingtaine, avec ses *Mélanges*.

Le 1er auguste 1764, on lut dans ce journal une rare nouvelle sous ce titre : *Anecdotes sur le Cid.* Voici le début de Voltaire en proclamant ces anecdotes :

« Nous avions toujours cru que le Cid de Guillem de Castro était
« la seule tragédie que les Espagnols eussent donnée sur ce sujet
« intéressant ; cependant, *il y avait* encore un autre Cid, *qui avait été*
« *représenté sur le théâtre de Madrid avec autant de succès* que
« celui de Guillem. L'auteur est don Juan-Bautista Diamante, et la
« pièce est intitulée : *Comedia famosa del Cid honrador de su padre...* »
Il induit du mot *famosa* le grand succès de ces pièces, et d'une troisième dont il parle, quoiqu'elle appartienne à d'autres évènements de la vie du Cid.

Puis il ajoute avec aplomb : « Pour le Cid *honorateur de son père,*
« *on la croit antérieure* à celle de Guillem de Castro *de quelques*
« *années.* Cet ouvrage est *très rare*, et il n'y en a peut-être pas
« aujourd'hui *trois exemplaires en Espagne.* » Il suit de là que tout lecteur économe de son temps doit renoncer à le chercher, et s'en rapporter pieusement à nos anecdotes.

Il énumère les personnages, sans remarquer qu'ils sont rigoureusement les mêmes que ceux de Corneille, en n'y ajoutant que le valet gracioso obligé. Puis il se jette tout d'abord, avec citations, sur une scène fort plate de ce gracioso, qui interrompt un instant l'action de ses quolibets ; méthode admirablement calculée pour faire méconnaître la traduction d'une œuvre de Corneille ; enfin il reprend :

« Qui croirait qu'à de si basses bouffonneries pût immédiatement
« succéder cette admirable scène *que Guillem de Castro imita.....* »

(il faut se rappeler que Voltaire n'a jamais vu les lignes éparses de Castro ailleurs que dans les citations de Corneille ; son Commentaire, où il les reproduit, sans un seul mot de plus, mais sans dire d'où il les emprunte, le prouve suffisamment) ; « que Guillem de Castro « imita, et que Corneille traduisit, dans laquelle Chimène vient de-« mander vengeance de la mort de son père, et D. Diègue la grâce « de son fils ? » Suivent dix vers de Diamante, très conformes, en effet (*Justicia, buen rey, justicia,* etc.), aux cris de Chimène : *Sire, Sire, justice !...*

Voltaire trouve ce vers :

Il a tué mon père. — Il a vengé le sien.

bien supérieur à l'*original*. « D'ailleurs, dit-il, la scène entière, les « sentiments, la description douloureuse, mais recherchée, de l'état « où Chimène a trouvé son père, est dans don Juan Diamante. »

Suivent huit vers espagnols littéralement exacts... et quelques autres citations semblables, dont l'une présente à Voltaire l'*original plus simple, plus vrai, moins recherché que le français.*

Si nous ne voulions que relever des bévues de détail dans ce malencontreux article, il faudrait un volume. Quand Voltaire dit, par exemple : « On peut observer que les deux auteurs espagnols marient « Rodrigue *le jour même qu'il a tué* le père de sa maîtresse... », nous aurions à faire observer, pour ne parler que de Castro, que son second acte contient, en action, une campagne de Rodrigue contre les Maures dans la Sierra d'Oca ; et son retour à Burgos ; qu'il y a un intervalle d'un an et demi après ce second acte ; et qu'au troisième, le Cid fait un pélerinage en Galice, où il a une édifiante entrevue sur la route avec un pauvre lépreux, qui bénit le charitable guerrier ; en disparaissant sous la vraie figure de saint Lazare ; qu'enfin, de Burgos où il revient, le Cid s'en va combattre en Aragon don Martin Gonzales, champion tout à la fois de Chimène et du roi d'Aragon, détenteur d'une place contestée par la Castille. Le mariage n'arrive à la fin, qu'après tous ces faits mis en action dans la pièce. Quiconque, pour en parler, y aurait seulement jeté les yeux, aurait-il pu s'y tromper ?

C'est donc plus qu'une erreur qui nous occupe. L'exemple en est illustre, la victime en est grande, les imitations en sont fréquentes, et se renouvellent tous les jours dans le commerce de la littérature : nous croyons bien faire d'insister.

Cherchez mieux que je n'ai fait dans tout Voltaire ; vous trouverez peut-être, mais je ne le pense pas, la mention, oubliée ici, de *la date* de son Diamante. Ce n'était que l'essentiel ; à moins de dire où il avait puisé des notices sur cet auteur. Mais non, la révélation sort du nuage : c'est un profond mystère tout à l'entour.

Et, puisqu'on avait entre les mains ce *rare* volume, ou cet imprimé, du prétendu prédécesseur de Castro, on savait assez d'espagnol pour reconnaître successivement dans le même ordre, dans les mêmes termes, les scènes de Corneille; et alors, en conscience, il fallait le dire.

On pouvait avoir d'autres occupations. Le premier coup d'œil avait pu sauter çà et là par petites places ; mais ce coup d'œil en avait assez appris au successeur et au commentateur de Corneille, pour provoquer singulièrement son attention. Le premier acte du Cid français doit à peine vingt vers à Castro; et nous le trouvons tout entier dans Diamante ! Voyons les autres : portons du moins nos regards sur les dialogues, les vers les plus fameux ; tout se retrouve ! Plus nous en retrouverons, plus notre surprise augmentera, dois-je dire diminuera ? jusqu'au moment où nous aurons assez constaté que Corneille, au lieu de commettre une bassesse qui eût été en même temps une stupide imprudence, à la face de ses contemporains, a trouvé dans Diamante, non pas le prédécesseur de Guillen de Castro, non pas un texte à traduire (et à confisquer !) mais simplement un traducteur faible et vulgaire, très exact pour ce temps-là, pour un auteur de théâtre surtout, le traducteur, enfin, dont parlait M. de Fontenelle, sans y avoir regardé de bien près.

Voltaire conserva-t-il dans sa bibliothèque le *rare* volume de Diamante ? Nous l'ignorons : mais; *dix ans après*, son examen était resté aussi incomplet, et ses assertions aussi formelles. Il donnait alors, en 1774, une édition revue et *augmentée* du Commentaire, et là il introduisait son Diamante presque comme une vieille connaissance au moyen de quelques paragraphes interpolés. Quand Corneille suivit le conseil du vieux gentilhomme qui lui fit apprendre l'espagnol, « il y avait en Espagne, dit Voltaire, deux tragédies du Cid, l'une

« celle de Diamante, *qui était la plus ancienne;* l'autre, *el Cid*[1], de
« G. de Castro, *qui était la plus en vogue;* on voyait *dans tous les*
« *deux*, *un bouffon appelé le valet gracieux.* » Or, il se trouve, par
hasard, qu'il n'y a point de valet gracioso, ni rien de semblable, dans
la pièce de Castro.

« *Je n'avais pu encore déterrer*, dit-il, le Cid de Diamante, quand
« je donnai la première édition des Commentaires sur Corneille; *je*
« *marquerai dans celle-ci les principaux endroits qu'il traduisit de*
« *cet auteur espagnol.* » C'était trop promettre : là était le danger
de son erreur; et, s'il tenait à cette *erreur*, il fallait prendre garde
de trop démontrer. Au lieu de rapporter à pleines mains des tirades,
des actes entiers, il se bornera prudemment à quelques mots très
courts et peu apparents de la version espagnole. A voir ces petites
citations honteuses et fugitives, on pourrait espérer que l'illustre
critique retourne seulement ses notes, son article de dix ans auparavant. Mais malheureusement il extrait quelques citations nouvelles,
ce qui donne à penser que la fatale pièce de conviction était restée
entre ses mains, et qu'il jugeait à propos d'entr'ouvrir seulement ce
livre mystérieux, de crainte d'en abuser[2] . . . .
. . . .

---

[1] Le hasard avait voulu que, dans la dispute de Scudéry, le titre espagnol
de la pièce de Castro ne fût point cité exactement : c'est pourquoi Voltaire
l'ignore, et le fabrique sans façon.

[2] J'ai dit plus haut qu'il ne résulte aucun éclaircissement ni de la correspondance ni d'ailleurs, sur cette belle découverte. Si Voltaire eût pu la croire
véritable, il n'aurait pas manqué de sonner toutes ses cloches, au lieu de l'introduire aussi furtivement, sans rien signer, sans rien spécifier. C'est par
l'entremise et sur les instances de ses amis d'Argental, qu'il gratifiait de ses
articles la Gazette littéraire entreprise par Suard, Arnaud et autres. Il rappelle en ces termes à la comtesse l'envoi de ses Anecdotes sur le Cid (6 auguste 1764) : « Je ne sais si c'est vous, Madame, ou M. d'Argental, qui a reçu
« un petit mémoire tiré d'Espagne, fort propre à figurer dans la Gazette litté-
« raire. J'ai découvert un ancien *Cid*, dont Corneille avait encore plus tiré que
« de celui de Guillem de Castro, le seul qu'on connaisse en France. C'est une
« anecdote curieuse pour les amateurs : je voudrais bien en déterrer quelque-
« fois de pareilles, mais les correspondants que Cramer m'avait donnés ne me
« fournissent rien. » Il s'agit, dans ces derniers mots, des envois de livres étrangers, particulièrement italiens et espagnols, que Cramer le libraire avait
promis de procurer à Voltaire pour l'engager à en rendre compte dans cette
Gazette. Ceci n'explique donc rien. L'anecdote, une fois lancée, s'achemine et

Il resterait maintenant à suivre de l'œil la longue procession de tant d'honorables maîtres en critique, M. de Laharpe en tête, avec tous ses copistes et ses successeurs, et le panégyriste de Corneille, M. Victorin Fabre, et tant d'autres, et tant de studieux éditeurs, qui tous, empressés d'accueillir les découvertes de Voltaire, ont rendu hommage à l'étranger pour le Cid et l'Héraclius, sans s'émouvoir des scrupules du bon sens et de l'honneur si gravement compromis pour le compte de Pierre Corneille.

Mais nous aimons mieux laisser en paix l'erreur docile, après avoir suffisamment signalé l'erreur volontaire, qui mérite un tout autre blâme.

Nous devons toutefois une mention au critique déclamateur qui de nos jours a presque compromis la gloire de Shakspeare par le fatras amphigourique de sa louange, et qui a fait en prose de si ridicules dithyrambes en l'honneur de Calderon, afin d'apprendre aux Anglais que leur enthousiasme n'avait pas la hauteur convenable, aux Espagnols qu'ils possédaient tous les trésors spéculatifs de la rêverie allemande du xixe siècle, sans jamais s'en être doutés. Feu Guillaume Schlegel ne pouvait manquer de condamner du premier mot la muse française, dès qu'il la trouvait en telle concurrence avec l'Espagne pour l'Héraclius. On sait aussi comme il la comprenait dans Racine. Mais, quoiqu'il n'ait point parlé de Diamante, voici deux de ses sentences qui intéressent notre sujet. On cherche le sens de la première ; on trouve une calomnie dans la seconde. « Voltaire aurait pu, dit-il
« dédaigneusement, s'épargner la peine de prouver que Calderon n'a
« pas imité Corneille ; mais, ce qui *lui* est plus difficile, c'est de dé-
« montrer que Corneille n'ait pas imité Calderon. Il est certain que le
« poète français se donne pour avoir conçu la première idée de cette
« pièce (Héraclius), mais il faut se souvenir que ce n'est que forcé
« par la nécessité qu'il a reconnu ce qu'il devait à l'auteur espagnol
« du Cid. » *Cours de litt. dram.* — Nous regrettons que l'influence

s'accrédite comme tant d'absurdités traditionnelles, bafouées par Voltaire dans les écrits des autres. L'année suivante, il ose écrire à M. de Cideville :
« Les Welches n'ont rien à eux en propre, pas même *le Cid*, qui est *tout en-*
« *tier de deux auteurs espagnols*; pas même le *Soyons amis*, *Cinna*, qui est
« de Sénèque. Je ne connais guère que le *Qu'il mourût* et le cinquième acte
« de *Rodogune*, qui soient de l'invention du grand Corneille. » (4 févr. 1765.)

des idées de Schlegel, les suppositions rêveuses de cette critique, et quelques réminiscences d'après certaines analyses de Shakspeare, aient entraîné M. de Puibusque à rendre un compte bien inexact de l'Héraclius espagnol dans l'ouvrage intéressant que l'Académie française a justement couronné : *Histoire comparée des littératures française et espagnole*. Où sont donc les belles choses que cet ingénieux écrivain a vues dans l'Héraclius de Calderon?... Un jeune sauvage « qui *aborde* successivement les *idées de famille,* de *société*, de *pou-* « *voir, sous l'étreinte d'un doute terrible*, et qui passe par *les plus* « *fortes épreuves de l'amitié* et de *l'amour*, sans pouvoir jamais *dé-* « *cider de quel côté* se trouvent la vérité et le mensonge »! Où a-t-il vu, de grâce, que « c'est *un penseur* (un penseur!) *aussi triste, mais* « *plus tendre qu*'Hamlet, et qui, à la vue d'*un monde dont la perver-* « *sité l'épouvante, voudrait se réfugier dans l'innocence de ses sou-* « *venirs* »?... Et tous « *ces premiers phénomènes* qui marquent *l'éveil* « *des sens* dans *la transition* de l'état d'isolement à *l'état de société*»; et tant *d'analyses intimes* ; et *le cœur* de Phocas *torturé* par l'énigme *redoutable* que Calderon a représentée sous *toutes ses faces*!... Existerait-il un autre Héraclius de Calderon que celui dont nous avons fait deux lectures attentives, et que tout le monde peut retrouver à peu près dans la mauvaise traduction de Voltaire? De telles misrepresentations (qu'on nous pardonne ce mot anglais) déparent un spirituel ouvrage, et, après l'exposé que nous avons fait plus haut, nous nous sommes vu en quelque sorte forcé de les relever bien à regret. (Voir le tome II, page 148 de l'ouvrage précité.)

Il est enfin nécessaire de déclarer que, si je m'étonne infiniment d'être le premier à toucher l'évidence dans le premier des trois procès littéraires que je me suis proposé d'examiner, celui dont les pièces décisives sont entre les mains de tout le monde, je n'ai pas la prétention d'être le premier dans ce second procès. L'un des traducteurs les plus capables de la collection des Théâtres étrangers, feu Angliviel Labeaumelle, avait, en 1823, à l'occasion de Guillen de Castro, signalé nettement, mais en passant, l'erreur de Voltaire sur le Cid de Diamante[1]. Il m'est bien arrivé, il y a quelques années, d'acheter

---

[1] Depuis, un spirituel écrivain a insisté d'une manière piquante sur cette erreur dans un article de feuilleton. Voir le *National*, 11 avril 1841 ; on y reconnaît M. Génin sous les initiales F. G.

chez un bouquiniste, de lire, et de reconnaître cette version espagnole[1] avant d'avoir lu les estimables notices de Labeaumelle : mais il faut lui laisser pleinement son droit de découverte, sauf à dire comme D'Aceilly, quand on réclamait l'initiative de ses épigrammes pour l'*Antiquité* :

> Que ne venait-elle après moi,
> Et je l'aurais dit avant elle.

Il me reste à traiter encore, au sujet de Corneille, une question de priorité, c'est-à-dire de génie et d'honneur, qui je crois est restée entière jusqu'à ce jour. En vérité, les Espagnols, à qui nous reprochons l'insouciance et les préjugés de leur critique, pourraient bien nous reprocher à leur tour l'inattention et la légèreté de la nôtre.

---

[1] J'ai même pu croire avoir fait une double trouvaille par l'acquisition de mon vieux livre espagnol, daté de 1658. Une grande écriture au crayon, évidemment du temps de Louis XIV, présente sur le feuillet blanc ces mots : *Donné par mon bon amy monsieur Garnier.* J'aurais bien souhaité que ce livre fût précisément celui dont parle Fontenelle, et que *M. Corneille avait dans son cabinet* avec tant d'autres traductions du Cid. Les enfants ou les neveux du poète manceau Robert Garnier, famille du même ordre que celle de Corneille, n'ont-ils pu rechercher son amitié ? L'un d'eux aurait-il eu le bonheur de lui faire un présent si bien choisi ? Je puis encore, avec un peu de bonne volonté, persister dans cette espérance. Malheureusement j'ai constaté que cette écriture n'est pas de la main de Pierre Corneille. Il resterait à vérifier, pour un plus empressé bibliophile, si elle n'est point de la main de Thomas son frère, ou de quelque pieux collecteur de reliques de l'auteur du Cid. — Pour sortir des *raretés* douteuses, je dois rappeler aux curieux qui aimeraient à collationner page à page le Cid de Corneille avec celui de Diamante, que celui-ci est devenu vulgaire depuis quelques années, par la collection imprimée chez Baudry, où l'éditeur Ochoa l'a inséré (*Tesoro del Teatro esp.*, t. V). On peut reconnaître dans quelques lignes entortillées de préambule, données par cet éditeur, tout à la fois l'embarras et l'instinct d'un espagnol qui ne veut point se désister au détriment de Diamante de son entêtement national pour toutes sortes de priorités poétiques, et le sentiment honnête qui voudrait respecter la probité de Corneille, et le sentiment, très vif aussi chez les Espagnols, d'aversion et de méfiance envers Voltaire. — Quant à l'entêtement national dont je viens de parler, il se produit, dans cette collection, par divers exemples, entr'autres par l'exhumation d'une pitoyable comédie de Lope sur le sujet des Horaces, *El honrado Hermano*, donnée pour être l'origine des Horaces de Corneille. On peut perdre son temps, si l'on veut, à examiner en détail cette prétention burlesque. (Voir le t. II.)

VIII.

Le commentaire sur Corneille contient un troisième procès d'invention contestée, dirigé contre l'une des plus grandes créations dramatiques du poète, la *Rodogune*, dont il était fier, et qu'il affectionnait au-delà de toutes les autres. Cette fois encore, Voltaire, dans l'Avertissement à ses Remarques sur cette pièce, prend parti ouvertement, quoique d'une manière fort embarrassée, contre Corneille, et c'est en faveur de Gabriel Gilbert, auteur d'une *Rodogune* qui eut quelques mois d'avance sur l'immortelle tragédie. L'accusation de plagiat, car c'en est une nécessairement contre l'un des deux auteurs, méritait sans aucun doute d'être remarquée; mais il semble que personne n'y ait fait attention. Faut-il louer le bon sens public de n'en avoir pas tenu compte, ou n'est-ce pas l'effet, chez les critiques du moins, d'une indifférence blâmable? Chez nos voisins, en pareille circonstance, les droits ou les obligations de Shakspeare auraient donné lieu à de solides et scrupuleuses recherches; et il faut bien reconnaître qu'en général les Anglais ont mieux senti que nous le charme et l'utilité de l'histoire littéraire nationale. Ils ont en ce genre de grandes et bonnes monographies, que les sincères amis des hommes supérieurs ne trouvent jamais trop minutieuses.

Or, ici, le premier appel de la cause entre Gilbert et Corneille n'a-t-il pas assez de quoi provoquer l'attention? S'il s'agissait de quelque Edipe, d'une Electre, ou d'une Virginie, on concevrait facilement la rencontre fortuite des deux contemporains; mais la Rodogune, comme l'Héraclius, est un de ces sujets qui ne peuvent appartenir simultanément à deux maîtres légitimes, par la même raison d'originalité entière et primitive qu'on pourrait alléguer pour Zaïre ou Tancrède, et à bien plus forte raison encore. Le nom de Rodogune ne rappelle directement aucune tradition dramatique, ni dans la fable, ni dans l'histoire. Ce nom, tout neuf pour la scène, est obscurément relégué sur l'arrière-plan d'un récit atroce d'Appien et de Justin, dont l'héroïne n'est pas même Rodogune; c'est, on le sait par l'histoire et par Corneille surtout, une Cléopâtre, reine de Syrie. Cette digne fille des successeurs d'Alexandre, issue des Ptolémées, mariée au roi de Syrie, fit périr son mari, puis son fils aîné

Séleucus, et voulut, pour conserver le trône, empoisonner son second fils Antiochus. Celui-ci, non moins fidèle à sa naissance, contraignit sa mère à boire le poison qu'elle lui avait préparé. Voilà ce que donnait l'histoire : Corneille nous l'expose textuellement par deux fois, dans la Préface et dans l'Examen de sa pièce. Il convient que, si la princesse Rodogune fut épousée dans son pays, chez les Parthes, par le mari de Cléopâtre, devenu leur prisonnier, jamais cette reine jalouse ne fit transporter la princesse étrangère dans son palais à Séleucie. Encore moins Rodogune connut-elle, à Séleucie, les deux fils de Cléopâtre, d'âge inégal selon l'histoire, mais nés jumeaux selon Corneille. Ces deux frères, quoique tendrement unis, aiment également la jeune Parthe, abhorrée de leur mère parce qu'elle fut sa rivale ; mais, par une précaution de bon goût, Corneille veut qu'elle ait été seulement fiancée au roi défunt, époux infidèle de Cléopâtre, qui ne lui a pas laissé le temps d'accomplir son second hymen. Dans la tragique journée de Corneille, le trône et la main de la princesse appartiendront à celui des deux princes jumeaux que leur mère déclarera être venu au jour le premier. Ainsi se prépare, dans cette double situation traitée avec autant de délicatesse et de dignité attachante, que d'habileté de composition, le fameux dénouement où Corneille a su rejeter sur l'ambitieuse reine-mère tout l'odieux de sa catastrophe. Elle fait assassiner l'un de ses fils, elle offre à l'autre, sur la scène, la coupe empoisonnée ; mais elle se voit comme obligée d'y goûter la première, et les premiers effets du poison viennent à temps la trahir, sans qu'Antiochus, le fils survivant, soit aucunement responsable de sa mort. Voilà bien des *constructions*; à moins d'un prodige, ou d'une association qui n'exista point, elles n'ont pu avoir deux architectes différents. Et pourtant il a été donné à Gilbert de produire, en même temps que Corneille, voire même quelques mois *avant* lui, une Rodogune où se présentent ces constructions ainsi ordonnées, moins les terreurs du cinquième acte de Corneille ; une Rodogune où figurent ces deux jumeaux, ces rivalités entre eux, entre leur mère et leur maîtresse (celle-ci presque veuve de leur père), où se développe leur embarras entre ces deux femmes qui veulent se détruire réciproquement, et qui veulent les engager à leur cause contre leur ennemie, l'une en offrant la couronne, l'autre en offrant sa main à celui qui servira sa haine.

Tout cela, c'est aussi le sommaire des quatre premiers actes de Corneille.

Si quelque architecte chinois a pu esquisser la coupole de Saint-Pierre pendant que Michel-Ange la dessinait à Rome, alors nous admettrons qu'il soit possible, ou que Corneille n'ait pas été pillé par Gabriel Gilbert, ou que le grand Corneille n'ait pas commis un acte de piraterie envers son contemporain.

Ils ne se nomment pas même l'un l'autre ; mais, si Gilbert est le coupable, si, par quelque stratagème déloyal, il a profité du travail plus lent du grand poète, il semblerait encore beaucoup moins répréhensible que ne le serait Corneille si c'était lui qu'il fallût accuser. Car enfin, Gilbert, quel que soit son droit, arrive le premier sur la scène, où il est vrai qu'il dut tomber tout à plat. On est fondé à croire ces deux faits, quoique nous manquions des nouvelles théâtrales de ce temps-là. Il arrive certainement le premier, d'une année entière, à l'impression. Malgré le calque du dessin général, je ne le trouve coupable d'aucun des vers de Corneille : cela est bien ; il faut savoir gré de cette discrétion au poète qui rencontre ses maîtres sur tant de points, qui eut peu après l'honneur de donner une tragédie d'Hippolyte, vingt ans avant Pradon et Racine, et de fournir à ce dernier tout un hémistiche, et l'un des plus souvent cités, traduction heureuse d'un hémistiche d'Euripide : *C'est toi qui l'as nommé !* D'ailleurs, il n'attache à sa Rodogune pas un seul mot d'avis préliminaire ; modeste, il ne se permet pas une ligne, ni sur le sort qu'il a pu éprouver au théâtre, — il est vrai qu'il n'y avait pas sans doute de quoi se vanter, — ni sur les sources premières qu'il a dû consulter en un sujet si nouveau. Il donne pour tout renseignement au lecteur une Dédicace à l'oncle du roi mineur, Gaston duc d'Orléans, lieutenant-général du royaume. Les innocentes flatteries qu'il lui adresse sur ses récentes victoires, celles qu'il y joint en l'honneur de la reine Anne d'Autriche, annoncent un poète courtisan ou un poète protégé, qui, s'il est plagiaire, ne croit pas avoir besoin de couvrir ses plagiats d'un grand appareil de mensonges, et qui, d'ailleurs, sifflé ou délaissé du public, invoque un illustre asile dont il a besoin.

Mais si Corneille est le plagiaire, combien n'est-il pas ingrat et hypocrite ! Corneille triomphant au théâtre avec la dépouille d'autrui, ne se contente pas de donner une longue et belle dédicace, singulièrement parallèle, quoique très supérieure, à celle de Gilbert, mais offerte à un autre triomphateur, au jeune prince de Condé, patron des esprits audacieux, qui, en ce temps-là, préludait à la Fronde, et qui, chaque jour, comme l'attestent les mémoires du temps, trouvait moyen de vexer cruellement, dans sa petite gloire, le prince Gaston, protecteur de Gilbert. Corneille ne se borne pas à cette manœuvre savante ; il ose encore énumérer, dans une longue Préface, les autorités, les origines et les procédés de ce qu'il donne expressément pour son invention, du ton de l'artiste le plus sincère qu'on ait vu jamais... Et de Gilbert, pas un mot !.. Il ne daigne pas nommer l'infortuné poète dont l'œuvre, si heureuse entre ses mains, est étalée dans la boutique du libraire, aux yeux de tout le monde (*Paris, chez Augustin Courbé, au Palais, dans la salle des Merciers, 1646, in-4°*). Cela est inouï ! L'appareil de ses longues citations historiques, où comparaissent Appien d'Alexandrie, et Justin, et Josèphe, et les Machabées, serait le mensonge le plus habilement ourdi pour se donner l'air d'avoir arraché à l'histoire, par un savant labeur, ce qu'il aurait volé sans miséricorde à son contemporain ! Et ce qui n'est pas moins étrange, c'est qu'entre tous les beaux esprits jaloux, il ne se soit trouvé personne pour crier au voleur contre Corneille, pris en si flagrant délit ; personne, jusqu'à celui qui vient enfin pousser le cri délateur contre son vieux maître, Voltaire, qui fait entendre sa clameur très distinctement, mais à demi-voix, d'un air honteux, soit pour Corneille, soit pour lui-même, c'est ce qui va être expliqué. Mais admirons encore une autre merveille : c'est que Gilbert, qui en avait le loisir, et peut-être le pouvoir (il était, ce semble, bien en cour ; on veut qu'il fût alors résident chargé des affaires d'une puissance alors considérable, de la Suède), Gilbert, qui continua de rimer des tragédies, et qui vécut plus de trente ans encore, ne fit pas entendre le moindre cri de réclamation. Que de bonheur accompagne les attentats de Corneille ! C'était sans doute le succès magique de sa fraude sur le Diamante, dérobé à l'attention du monde entier, qui lui donnait, comme aux grands coupables, l'audace de compter sur l'impossible, et le bonheur de l'obtenir quelquefois[1].

---

[1] Il est vrai que ce sublime imposteur avait de grandes chances de réussir en gardant son Diamante dans sa poche. Nous oublions que Voltaire nous affirmait

Mais il est temps de débrouiller enfin cette énigme des deux Rodogunes, qui ressemble par trop à une plaisanterie, et qui n'existait plus dans l'esprit de personne, quand Voltaire en a retrouvé les morceaux, et les a rapprochés soigneusement, pour s'en faire l'éditeur avec des réflexions étranges, et quelque addition de faits non moins curieuse. Nous l'entendrons après : donnons d'abord le mot cherché.

En quelques paroles, et sans daigner en dire davantage, après Corneille qui n'avait daigné rien dire du tout, Fontenelle, son biographe, dissipe le nuage. Voici ces paroles bien simples, à l'occasion de la Rodogune de Corneille : « Je ne crois pas devoir rappeler ici « le souvenir d'une autre Rodogune que fit M. Gilbert sur le plan de « celle de M. Corneille, qui fut trahi en cette occasion par quelque « confident indiscret. Le public n'a que trop décidé entre ces deux « pièces, en oubliant parfaitement l'une. » *Vie de M. Corneille, OEuvres de Fontenelle*, 1758, t. III, p. 106 [1].

qu'*il n'y en a peut-être pas trois exemplaires en Espagne*. C'est beaucoup d'en ajouter deux au dehors, l'un dans la poche de Corneille, l'autre dans celle de Voltaire. L'auteur du Cid a dû compter sur ce miracle bibliographique aussi bien que son commentateur ; ce dernier, qui ne croit guère aux miracles, aurait dû nous expliquer la chose au moyen de quelque incendie ou de quelque tremblement de terre qui aurait englouti toute l'édition. Il faut tâcher d'être conséquent, quoique ce ne soit pas toujours facile.

[1] On chercherait vainement ces lignes dans la *Vie de Corneille* par Fontenelle, telle que Voltaire l'a insérée dans son Commentaire. Voltaire nous prouvera tout à l'heure qu'il les a bien lues, mais, s'il les omet, nous ne voulons pas le prendre en mauvaise part. Il peut n'y avoir mis que de l'inattention. En voici la raison, qu'on sera bien aise d'apprendre, parce qu'on lit trop peu Fontenelle aujourd'hui. Fontenelle avait, pendant bien des années, laissé courir en manuscrit sa *Vie de P. Corneille*; elle était alors telle que nous la lisons communément d'après Voltaire : c'était ce texte que D'Olivet avait déjà imprimé, avec la permission de l'auteur, dans son Histoire de l'Académie française ; d'autres encore s'en étaient emparés. Mais, lorsque le vieux Fontenelle donna une dernière édition de ses œuvres complètes, il voulut sans doute relever la valeur d'un morceau qui avait tant couru. Sans compter qu'il y rattacha deux excellents traités inédits (*Histoire du Théâtre français jusqu'à Corneille*, et *Réflexions sur la Poétique du Théâtre*), il jugea à propos de modifier ou d'augmenter quelques passages de sa *Vie de Corneille*. C'est là qu'il faut chercher les lignes ci-dessus citées. C'est ce texte que Voltaire aurait dû reproduire, s'il eût été plus *attentif*. Ses éditeurs, et ceux de Corneille, ont tous, sans exception, imité cet oubli, malgré la discordance grave qui en résulte pour le passage du Commentaire que nous citerons tout à l'heure.

Avec ce peu de paroles, tout s'explique admirablement. Ce n'est pas seulement la profonde originalité de Corneille qui retrouve son authenticité, qu'on ne peut sans ridicule mettre en question, mais c'est encore l'énorme et inconcevable ignorance de Gilbert qui s'explique et se conçoit, tandis que, sans une telle interprétation, elle ne pourrait se concilier avec les données dramatiques dont il est en possession, non plus qu'avec la mesure d'esprit qu'on est forcé de lui accorder. Quiconque aura le courage de lire sa pièce, assistera pour ainsi dire au larcin le plus grossier, comme s'il le voyait commettre. Gilbert eût-il été bien informé sur tous les points du grandiose projet de Corneille, Gilbert, sans doute, n'aurait pu encore dérober la massue d'Hercule sans courir le risque d'en être écrasé; mais, par une fatale aventure, tandis que le grand poète travaillait plus lentement à cette tragédie qu'à aucune autre de son théâtre, Gilbert entendit *mal*, ou fut *mal renseigné* par *le confident indiscret*, sans compter qu'il le fut *incomplètement*.

Ce qu'il ignora, ce fut, d'une part, la source historique, de l'autre, le dénouement de la tragédie. Rodogune, sans son dénouement si célèbre, vers lequel la pièce est dirigée tout entière, n'est plus qu'un torse cruellement mutilé, bien qu'il ne faille pas réduire le mérite de l'ouvrage à ce seul cinquième acte, comme Voltaire affectait de le faire à toute occasion : c'était autant d'enlevé à l'ennemi. Gilbert termine donc la fable de Corneille par une honnête et fade réconciliation de tous les personnages. Les horreurs historiques de la maison des Séleucides, les crimes de cette héroïne qui réunit en elle plusieurs Frédégondes, Gilbert les réduit à quelques explications amicales, d'où chacun se retire content et vertueux.

Mais aussi, quelle était cette héroïne ? Corneille l'avait nommée *Cléopâtre*, d'après l'histoire; toutefois, il avait fort judicieusement compris l'inconvénient qu'il y aurait à annoncer à l'ignorant public une Cléopâtre qui ne serait pas celle que tout le monde connaît. Le titre de sa pièce, emprunté au nom de ce personnage dominant, eût été le seul rationnel, mais il aurait désorienté le parterre : on aurait cherché l'Égypte et Marc-Antoine, ou César, comme dans la *Mort de Pompée*, tandis qu'il fallait aller en Syrie, près d'un siècle auparavant. Par ce motif, il s'était décidé (*Voir* Préf. de Rodog.), non sans répugnance, à désigner sa pièce par le nom du second rôle, de Rodogune. Il faut voir avec quel sérieux scrupule il s'en excuse, heureux de trouver à citer des tragédies grecques dénommées par le personnage collectif du chœur, telles que les Trachiniennes, ou les Choéphores, dont le titre plus régulier, selon nos idées, serait Hercule, et Oreste ou Electre. Dans le dialogue, il eut soin que Cléopâtre fût appelée seulement *la reine*, pour éviter la même méprise, sachant bien que le destin des batailles et des premières représentations tient souvent à fort peu de chose.

Cela bien établi, si Corneille allait de temps en temps à l'hôtel de Rambouillet, à l'hôtel de Condé, mais surtout s'il allait parfois faire sa cour au Luxembourg ou au Palais-Royal, il ne pouvait guère échapper à de fréquentes questions, comme nos princes, bien élevés, n'en font plus; mais alors rien n'était plus simple : « Eh bien, Monsieur de Corneille, que nous annoncez-vous de divertissant pour la Comédie ? Sera-ce quelque chose comme Cinna ou Polyeucte ? Contez-nous donc la pièce que vous composez. N'avez-vous pas quelques actes à nous en lire ? » — Et le front du poète s'inclinait : s'il donnait en réponse à ces illustres caprices, son titre nouveau de *Rodogune*, il ne se compromettait guère ; ou bien s'il allait au-delà, s'il exposait ou s'il lisait même ses premiers actes, soit par obéissance, soit pour pressentir le goût ou pour préparer les oreilles de la cour, j'ai bien peine à croire qu'il comprît, dans ces confidences, les terribles surprises de son dénouement. Un si habile tacticien ne devait pas être pressé de démasquer une telle batterie. — Il lui restait beaucoup à faire pour arranger cette partie de sa composition ; — et les banales idées romanesques de ses auditeurs le tenaient quitte d'avance, en supposant, pour la fin, des mariages, des éclaircissements qui rapprochent tout le monde, ou quelque coup de poignard donné à propos pour écarter le personnage sacrifié. En cet état, les prémices du nouveau chef-d'œuvre s'annonçaient dans le grand monde ; la nouvelle en circulait aux ruelles les plus élégantes ; des beaux-esprits jaloux préparaient leurs critiques, d'autres pouvaient songer à gagner de vitesse le grand poète ; c'est ce que fit sans façon M. Gilbert, sans ouvrir un livre, sans mesurer ni peser aucune des difficultés du plan qu'il recueillait au hasard.

Par une piquante fatalité, lui qui donna bientôt *le Garçon insensible* ou *Hippolyte*, s'il vécut, comme on peut le croire, au-delà de 1677, car la date de sa mort est incertaine, il put voir alors le jeune et téméraire Pradon jouer à Racine, pour sa Phèdre, le même mauvais tour que lui-même, dans sa jeunesse, il avait joué à Corneille pour Rodogune. Le plagiat de Pradon fut beaucoup moindre. Racine avait dû moins parler que Corneille. Pradon, il est vrai, fut excité par une intrigue de cour tramée à l'hôtel de Bouillon ; mais nous serions assez porté à croire, quant à Gilbert, qu'il s'était passé quelque chose d'analogue, peut-être au Luxembourg, dans le salon de Monsieur, ou dans celui de sa fille Mademoiselle de Montpensier, qui l'un et l'autre n'aimaient guère M. le Prince. Or, M. le Prince goûtait fort les œuvres de Corneille ; il le prouva en particulier pour sa Rodogune, dont le poète lui rapporte tout le succès en termes très-significatifs[1]. C'était donc une belle idée toute princière à cette époque, de *commander* à Gilbert, ainsi qu'à Pradon plus tard, tout simplement une autre Rodogune, une autre Phèdre, qui pussent arriver à temps pour faire tomber par terre l'œuvre dramatique adoptée d'avance par la protection de la maison ennemie. Sous Louis XIV, et déjà sous Mazarin, l'état politique de la France n'admettait presque plus d'autre guerre civile entre les grands de l'État. Racine, dans la préface de Phèdre, parut ignorer l'existence de la pièce rivale et de son auteur ; c'est ce qu'avait fait Corneille dans la préface de Rodogune. Les convenances de leur humble condition, plus encore que le dédain d'une légitime fierté, leur conseillaient ce silence : ils auraient eu trop à dire.

Au reste, je ne prétends donner les suppositions précédentes que comme des conjectures, qu'il est permis de rejeter si on le veut, et je tiens à en distinguer ce qui est évident et indubitable dans cette question, savoir le fait du plagiat de Gilbert.

---

[1] « Monseigneur, Rodogune se présente à votre Altesse avec quelque sorte de
« confiance, et ne peut croire qu'après avoir fait sa bonne fortune, vous dédai-
« gniez de la prendre en votre protection. Elle a trop de reconnaissance de votre
« bonté, pour craindre que vous veuilliez laisser votre ouvrage imparfait, et lui
« dénier la continuation des grâces dont vous lui avez été si prodigue. C'est à
« votre illustre suffrage qu'elle est obligée de tout ce qu'elle a reçu d'applaudis-
« sement, et les favorables égards dont il vous plut favoriser la faiblesse de sa
« naissance lui donnèrent tant d'éclat et de vigueur, qu'il semblait que vous eus-
« siez pris plaisir à répandre sur elle un rayon de cette gloire qui vous envi-
« ronne, et à lui faire part de cette facilité de vaincre qui vous suit partout... »

Ce poète, tout médiocre qu'il était, n'était pas dépourvu d'intelligence et même de talent. Il obtint les éloges de Chapelain, de Ménage, et la protection de la reine Christine, après celle de l'oncle de Louis XIV. Mais la situation si fausse et si défavorable où il se plaçait, en dérobant comme à tâtons l'œuvre d'autrui, et quelle encore ? une œuvre savante qui n'avait pas au monde un seul modèle, l'exposait à commettre infailliblement les plus énormes balourdises. C'est ainsi qu'il a bien entendu conter la fable de l'avant-scène, de l'exposition et du nœud de la pièce, et qu'il les reproduit assez fidèlement ; mais, comme l'inventeur du sujet n'est pas là pour lui dire par quelle prudente précaution il écarte autant que possible le nom propre de Cléopâtre ; comme Gilbert ne sait où se tourner pour trouver les textes de cette histoire, fût-il même capable d'en faire usage, et en eût-il le temps ; comme, enfin, il n'entend parler que de *Rodogune*, le voilà qui s'imagine que la princesse Rodogune est la vraie héroïne de la tragédie ; il en fait la *reine*, la *mère* des deux jeunes princes, qu'il appelle Darius ou Darie, et Artaxerce ; il nomme à tout hasard Lidie, la jeune étrangère, qui est la Rodogune de Corneille et des historiens, et place toute l'aventure n'importe où, en Orient, dans une capitale de la Perse. Cette erreur du plagiaire, d'après un titre donné, est assez plaisante : cela s'appelle voler un sac en se trompant sur l'étiquette, et peut-être avons-nous lieu de savoir gré au grand Corneille de quelque finesse bien placée, pour s'être permis, en laissant voir l'étiquette, de ne pas montrer le fond du sac aux regards des curieux.

Au surplus, on me dispensera facilement de compter toutes les méprises et tous les achoppements où vient heurter la fausse Rodogune. Un poète, même plus fort que n'était Gilbert, aurait dû nécessairement trébucher à chaque pas, dans un larcin ténébreux, sur un terrain si nouveau, sans en connaître ni les abords, ni cette mystérieuse et redoutable issue qui était restée le secret de Corneille ; obligé enfin de commettre son mauvais coup, ou sa tragédie, avec une précipitation dont on reconnaît la preuve à chaque page. Je n'ai garde d'inviter mes contemporains à exhumer, comme j'ai dû m'y résoudre, un pauvre rimeur enseveli à jamais dans cette médiocrité passable, ingénieuse même parfois, qui lui fit quelque honneur en son temps. Mais, si l'on veut que j'épargne ici les citations de la Rodogune de

Gilbert, ce doit être à condition de m'accorder, qu'en fait de contrefaçon dans un ouvrage d'art, la preuve *intelligente*, résultant de la constitution intrinsèque des pièces controversées, surtout quand l'un des deux auteurs, quand l'homme de génie a daigné rendre compte à fond de ses procédés, est une preuve irréfragable après laquelle on est fondé à compter pour peu la preuve chronologique, si l'intervalle des deux époques de composition est peu de chose, comme dans le cas actuel. Au sujet de l'Héraclius, j'ai regardé, pour ainsi dire, comme un devoir de faire passer la preuve intelligente avant la preuve matérielle ou chronologique, quoique me trouvant à peu près aussi assuré de cette seconde, sur un intervalle de dix-sept ans, que de la première. Mais, en vérité, la Rodogune de Gilbert eût-elle, à l'impression, dix années d'avance, au lieu d'une seule, sur celle que Corneille, selon Fontenelle, fut si long-temps à préparer [1], alors, j'ose le dire, on serait forcé d'affirmer que Corneille avait dû concevoir sa Rodogune et en laisser échapper quelque confidence plus de dix ans auparavant. Ce parti vaudrait cent fois mieux que l'impossible hypothèse d'une pièce ainsi *inventée* par Gilbert, ainsi *copiée* par Corneille.

IX.

Nous nous tenons donc pour édifiés pleinement sur le fait de piraterie littéraire, et sur le vrai coupable. Il reste à nous édifier sur un autre genre de piraterie, celui du commentateur de Corneille, dérogeant d'une manière déplorable à sa propre gloire, jusqu'à imiter certains flibustiers qui se mettaient en course; non pas, comme Gilbert, pour prendre et piller à leur profit, mais uniquement pour ruiner et détruire les possessions de quelque prince étranger.

Voyons comment Voltaire dirige son attaque. On peut bien penser d'avance que, tout comme pour l'Héraclius et le Diamante, il ne sortira pas de la preuve chronologique, trop heureux cette fois de n'avoir pas à la forger, de même que dans ces deux autres procès :

---

[1] « Mais peut-être préférait-il Rodogune, parce qu'elle lui avait extrêmement « coûté; car il fut plus d'un an à disposer le sujet. » *Font., Vie de M. Corneille.*

je me trompe, et je le dis avec peine, il ne pourra s'empêcher de forger un document, nous verrons lequel, pour renforcer ses prétentions, non pas en faveur de Gabriel Gilbert, dont il se moque parfaitement, mais à l'encontre de Pierre Corneille, qui ne lui est pas aussi indifférent à beaucoup près.

Nous lirons en entier l'*Avertissement* de Voltaire au-devant de la Rodogune.

Il fallait d'abord couvrir l'attaque. Voici au début une concession fort juste et fort sensée, terminée par un mot aigre et inutile, mais telle au fond que l'Académie et l'opinion publique l'exigeaient en faveur de Corneille :

« Rodogune ne ressemble pas plus à Pompée que Pompée à Cinna,
« et Cinna au Cid. C'est cette variété qui caractérise le vrai génie.
« Le sujet en est aussi grand et aussi terrible que celui de Théodore
« est bizarre et impraticable. »

Cet éloge si obligé de la grande originalité de Corneille, il s'agit maintenant de le saper autant que possible par la base, en rendant plus que suspecte l'origine de cette tragédie. Ne passons rien.

« Il y eut la même rivalité entre cette Rodogune et celle de Gilbert — (celle de Gilbert ! le tour est familier, mais il n'est pas franc pour introduire une œuvre aussi généralement ignorée) — « qu'on vit depuis « entre la Phèdre de Racine et celle de Pradon. » Il y a pourtant cette différence capitale, que Rodogune est un sujet tout neuf et savamment trouvé, tandis que Phèdre est un sujet du domaine public, déjà exploité plus d'une fois dans tous les pays et dans tous les siècles littéraires. Continuons, mais sachons bien que Voltaire commence à prévariquer du moment où il se détourne de ce point de vue qui contient la question tout entière, de cette considération si imposante aux regards surtout d'un auteur tragique et d'un historien.

« La pièce de Gilbert fut jouée quelques mois avant celle de Cor-
« neille, en 1645 ; elle mourut dès sa naissance, malgré la protection
« de Monsieur, fils (*sic*: lisez frère) de Louis XIII, et lieutenant-
« général du royaume, à qui Gilbert, résident de la reine Christine,
« la dédia. »

Quoique ces détails soient présentés à la façon des conteurs de société qui complètent avec de simples vraisemblances les circonstances de leur récit, nous les tiendrons pour exacts, à la réserve d'une erreur ou si l'on veut d'une *fiction historique* passablement ridicule. Comment peut-on supposer qu'à cette époque le poète Gilbert, né parisien, occupât un poste aussi important que celui de résident à Paris pour la reine Christine, encore sur le trône, au moment où se préparait le traité de Westphalie ? Ce poste dans lequel venait de mourir le grand publiciste hollandais, l'exilé Grotius, était en réalité celui d'ambassadeur, et, immédiatement après cette mort, il fut rempli, en 1646, par le fameux comte Magnus de Lagardie, un jeune et brillant seigneur suédois, originaire de France, qui vint éblouir la cour à Fontainebleau, par ses riches équipages et par les fatuités d'un enthousiasme indiscret pour sa souveraine. Voltaire voit bien, puisqu'il prend la peine de lire la dédicace au frère de Louis XIII, que l'auteur la signe *Gilbert* tout court, sans un seul mot qui le rattache à une position officielle qu'il ne lui aurait pas été possible d'oublier un instant. L'historien du siècle de Louis XIV n'aurait-il pu contrôler un peu la notice de Moréri ou celle des frères Parfait, qui, routinièrement, qualifient Gilbert de *résident*, etc., du moment qu'ils aperçoivent ce protocole à la suite de son nom sur le frontispice d'un de ses livres ? N'est-il pas bien simple de supposer que ces dignes compilateurs n'auront oublié qu'un point, c'est de regarder à la date ? Rien ne les y obligeait au surplus dans leurs courtes et indifférentes notices. Mais Voltaire ! mais l'historiographe du grand siècle... !

A défaut de Moréri et de Voltaire, regardons-y un peu nous-mêmes, et nous trouverons moyen, à dix ans de là, de relever si haut la dignité de notre Gilbert. Passe encore pour la seconde époque de la vie de Christine, lorsque la reine, volontairement découronnée, vint deux années de suite se donner en spectacle à la cour de France, qui, par deux fois, n'hésita pas à l'éconduire poliment (1656 et 1657-8). Que si, alors, la docte Christine, telle qu'on la représente dans tous les mémoires, regrettant sa royauté, traînant avec elle une suite si peu royale, jugea à propos d'y attacher, avec de maigres gages mal payés, le pauvre Gilbert, c'est une raison manifeste de croire que le gouvernement suédois avait eu, à l'époque des deux Rodogunes, et qu'il continua d'avoir après le règne de Christine, d'autres correspondants politiques que cet auteur, toute sa vie humble parasite et poète à gages. C'est la qualification la plus réelle qui résulte pour lui du recueil de ses *Poésies diverses*, où il ne fait que tendre la main.

Toutefois, n'en doutons point, il fut résident de Christine, et même secrétaire de ses commandements. Mais, à l'époque où ses livres le présentent revêtu de ces deux titres officiels, 1657-1661, sa mission devait se borner à solliciter timidement pour sa reine la permission de se fixer à Paris, permission qu'elle convoita toujours en vain ; et le pauvre secrétaire-résident, resté sans salaire, finissait par insérer parmi ses poésies fugitives, toujours décorées des mêmes titres, en 1661, ce triste et famélique madrigal :

A la Reyne de Suède :

En servant cette Reyne égale aux Amazones,
 Je n'aurai pas perdu *six ans :*
 Car qui sait donner des couronnes,
 Peut bien faire d'autres présents.

Reine trop ingrate, en effet, ou trop endettée : car Christine, qui l'avait trouvé assez en vogue à Paris, lors de son premier séjour en 1656, et qui l'avait emmené à sa suite pendant près d'une année en Italie, n'avait pas dédaigné de lui commander sa tragédie des *Amours de Diane et d'Endymion,* comme il le dit lui-même au cardinal de Mazarin, en dédiant cet ouvrage à son Éminence en 1657. Tout indique que la reine avait *posé* avec tous ses charmes pour cette tendre pastorale qui est fort curieuse, texte et gravure, et qui n'est pas sans mérite. On est même fondé, sans trop de médisance, à lui attribuer quelque coopération, quelques rimes tout au moins. Quant au berger Endymion, ce ne devait pas être l'infortuné Monaldeschi ; nous ne saurions le croire : car déjà deux mois après la tragédie de Fontainebleau, *Diane,* admise enfin à Paris pour y jouir gaîment du carnaval avec toute la cour, et surtout pour prendre congé de la France après les derniers bals de la saison, Diane s'empressait d'aller voir jouer à l'hôtel de Bourgogne l'*Endymion* de son résident. Témoin la *Muse historique* de Loret, dont le caquet, en mauvais vers, s'étend longuement sur toutes ces circonstances (*Lettre du 2 mars 1658*) :

  Christine, cette belle reine
  Pour qui cent et cent fois ma veine, etc ...
 . . . .

> A ce spectacle étant présente
> Près de notre reine excellente,
> Son esprit grand et sans égal
> Admira fort ballet et bal,
> Jugeant, selon toute apparence,
> Que sans doute la Cour de France
> Est, en pompe et charmes divers,
> La première de l'Univers.

Il s'agit d'un bal donné dans l'opulente maison de Carnavalet. La voici maintenant à l'Hôtel de Bourgogne :

> Elle a vu jouer *Timocrate*,
> Qui pourrait ravir un Socrate;
> Et l'histoire d'*Endimion*,
> Qui, selon mon opinion
> Et celle aussi de tout le monde,
> En plusieurs beaux traits est féconde,
> Et fait juger monsieur Gilbert
> Écrivain tout-à-fait expert.

Et, pour terminer l'épisode, avant de revenir à la prose de Voltaire qui nous a entraîné à cette digression avec son *résident*, c'est une chose prodigieuse combien ces mythologiques amours de Diane semblent tenir au cœur ou à la mémoire de Christine. Voilà qu'en effet, *trente-deux ans après*, en 1689, nous la voyons encore à Rome, peu avant sa mort, occupée à commander et à tracer un *Endimione* à un autre de ses pensionnaires. Le drame, italien cette fois, devait être mêlé de chants; il était terminé; mais la dernière maladie de Christine empêcha qu'il ne fût représenté devant sa brillante cour de cardinaux et de beaux-esprits; il fut lu plus tard, en 1692, dans une fête de l'Académie naissante *degli Arcadi*, encore pleine de son souvenir, avec un beau *prologue* plein de louanges et de regrets en son honneur. Dans cette pièce, où l'on remarque fréquemment des vers d'un assez bon tour italien, signalés par des guillemets comme étant de Christine elle-même, on reconnaît encore quelques linéaments, quelques trames brisées, de l'ouvrage de Gilbert. Les détails trop galants de celui-ci ont disparu, et la poésie s'est élevée. Cette fois, en effet, Christine avait rencontré un plus habile collaborateur dans le célèbre abbate *Alessandro Guidi*, sous le nom académique et pastoral de *Eril Cleoneo*. Cet abbé était, dit-on, borgne et bossu, mais ce fut un des poètes lyriques les plus distingués de l'Italie, un rival des Chiabrera et des Filicaja.

Reprenons l'historique de Voltaire sur la Rodogune de Gilbert :

« La reine de Suède et le premier prince de France ne soutinrent point « ce mauvais ouvrage, comme, depuis, l'hôtel de Bouillon et l'hôtel de « Nevers soutinrent la Phèdre de Pradon. » Nous convenons que la reine de Suède, souveraine alors à Stockholm, aurait eu quelque peine à soutenir une Rodogune de Gilbert au théâtre de Paris.

Un fait résulte toutefois d'une ode mortellement longue que notre Gilbert adressait, quatre années plus tard, à Christine (reine encore, en 1650), *des bords de Loire*, probablement du château de Blois, chez Monseigneur Gaston d'Orléans, où peut-être il s'ennuyait fort : c'est que le jeune et aventureux rimeur, destiné, comme on voit, à se trouver sur le chemin de plus d'une grande renommée contemporaine, aurait dès-lors été bien aise de se voir appelé pour son beau génie à Stockholm, comme les Naudé, les Vossius, les Meibomius, les Saumaise, comme aussi le grand Descartes.

> Ma muse, au pied de ton trône,
> Irait chanter tes hauts faits. . . .

Mais, ajoutait-il plus modestement :

> Mais à ces honneurs insignes
> Je n'oserais aspirer,
> Et l'Europe a trop de cygnes
> Que tu me dois préférer :
> Un sort plus heureux éclaire
> Ces esprits qui, pour te plaire,
> Font de si nobles efforts,
> Et dont la docte musique,
> Aux bords de la mer Baltique,
> Fait ouïr ces doux accords.

Son poème didactique de l'*Art de plaire* (1655), dont la première partie, à l'usage des dames, est passionnément consacrée à Christine, avant que l'auteur l'ait vue encore, acheva sans doute de prévenir la reine en sa faveur, au moment où elle se disposait à venir visiter la

France[1]. Mais tout cela, comme on le voit, est très postérieur à la naissance de sa bâtarde Rodogune : ce qu'il fallait démontrer. — Ecoutons Voltaire :

« En vain le résident présente à son altesse royale, dans son Epître « dédicatoire, *la généreuse Rodogune, femme et mère des deux plus « grands monarques de l'Asie;* en vain compare-t-il cette Rodogune « à Monsieur, qui cependant ne lui ressemblait en rien, ce mauvais « ouvrage fut oublié du protecteur et du public. »

La bouffonnerie, au sujet de Monsieur, serait meilleure, si cette comparaison burlesque était réellement de Gilbert ; mais il faut avoir compassion des malheureux, et la justice nous oblige à déclarer que Voltaire impute un ridicule de trop au poète-*résident*. Sa dédicace est calculée pour partager la louange entre la reine Anne d'Autriche et le prince Gaston. C'est la reine, les citations même de Voltaire le font voir, et non pas Gaston, que Gilbert compare à sa Rodogune, dont il trouve moyen de faire une excellente mère à son dénouement. — Et, puisque nous nous sommes permis quelques conjectures sur les circonstances de cour ou de société qui ont pu déterminer Gilbert à son plagiat, nous pouvons bien y ajouter celle-ci. Anne d'Autriche était susceptible, scrupuleuse, romanesque, emportée, et sa position de régente, tutrice du jeune roi et de son frère, était fort délicate, ainsi que celle de Gaston, si incertain de ses droits et de ses devoirs comme lieutenant-général du royaume. Or, le bruit courait chez

---

[1] La notice sur Gabriel Gilbert est si mal faite, quoique assez étendue, dans la *Biographie universelle*, que cela pourrait, je pense, excuser nos développements épisodiques sur ce personnage, qui en lui-même ne laisse pas d'offrir quelque intérêt. Ses dix-sept ouvrages dramatiques, la plupart applaudis en leur temps, sont analysés et extraits avec soin par les frères Parfait, *Hist. du Théât. franç.* Il semble qu'il aurait dû entrer à l'Académie française, s'il n'eût pas été protestant. Il semble aussi qu'il ait tâché de rendre équivoque sa communion, à en juger par quelques madrigaux semi-catholiques joints à son recueil de poésies diverses. Son séjour en Italie auprès de Christine, moins convertie que philosophe, dut exiger ces vagues ménagements. Mais un psautier rimé par lui, et précédé d'une préface assez austère, paraît prouver qu'il mourut adonné à sa religion native. Enfin, il est remarquable que l'indigence de ses dernières années semble avoir été entièrement délaissée par Christine, et que le poète, presque oublié du public contemporain de Racine et de Despréaux, ait trouvé un asile dans cette riche et hospitalière maison d'Hervart, qui devait, quelques années après, s'honorer par les mêmes bienfaits envers La Fontaine.

M. le Prince et partout, qu'une héroïne nouvelle de Corneille allait faire voir sur la scène une reine regente, mère de deux princes, homicide par ambition de son mari et de ses deux fils. Le duc d'Orléans, Gaston, devait assez bien faire sa cour à la régente, en *commandant* au poète Gilbert une autre reine-mère que celle de Corneille. — Cette nouvelle régente, destinée à supporter l'allusion du jour, doit remplir la double condition de n'être pas trop infidèle au plan de Corneille, et d'être exempte du meurtre de son mari et de ses deux enfants. A cela près, le poëte peut se permettre, pour le besoin du drame, d'en faire une personne assez violente encore dans ses passions. Par exemple, elle se vante elle-même, comme d'une fort belle chose, d'avoir poignardé sa nourrice de sa propre main, parce que cette femme faisait à sa vertu l'offense de lui conseiller un second mariage après la mort de son époux. Cette incomparable reine, dans le cours de la pièce de Gilbert, est bien vivement tentée de faire périr ses deux fils, d'après le conseil d'un confident qu'elle ne poignarde point. Combattue entre cet innocent désir et sa *tendresse* maternelle, elle quitte la scène à la fin du quatrième acte sans avoir pris son parti. Mais, ainsi qu'il convient à une si grande princesse, elle finit par sortir de peine avec tous les honneurs de sa *vertu*, lorsque, au cinquième acte, s'apercevant qu'elle a mal compris quelques apparences, elle abjure toute haine, toute ambition, et qu'elle marie convenablement les deux princes : heureux dénouement qui permet à Gilbert, dans sa Dédicace, de confondre de la manière la plus flatteuse sa reine Rodogune avec la belle-sœur de Gaston d'Orléans. Tel était l'idéal scabreux des héroïnes de cette époque, et les licences accordées à leur *gloire*, soit sur la scène, soit dans la galerie ensanglantée de Fontainebleau.

Nous prions le lecteur de reprendre avec nous le fil trop interrompu peut-être des informations de Voltaire. S'il s'est moqué de Gilbert, il n'entend pas moins en tirer bon parti. Il reprend son sérieux.

« Le privilége du résident pour sa Rodogune est du 8 janvier 1646 » (exact) : « elle fut imprimée en février 1647 » (inexact par pure inadvertance ; il faut lire février 1646). « Le privilége de Corneille « est du 13 avril 1646, et sa Rodogune ne fut imprimée qu'au 30 « janvier 1647. Ainsi, la Rodogune de Corneille ne parut sur le « papier qu'un an ou environ après les représentations » (il pourrait

même dire après l'impression) « de la pièce de Gilbert, c'est-à-dire
« un an après que cette pièce n'existait plus. »

Quel rhéteur grec n'eût admiré la finesse de ces derniers mots ?
Ils maintiennent Corneille en possession d'une certaine originalité
par métaphore. Car enfin, la pièce de Gilbert *existait* toujours, *au
sens propre*, pour son plagiaire : mais, devant le public, pour lequel
elle est morte *au sens figuré*, c'est comme si elle n'eût jamais existé,
et en même temps le plagiat de Corneille se laisse d'autant mieux concevoir. Du reste, quelle sollicitude chronologique ! que de chiffres,
que de soins, malgré une erreur involontaire, pour amener le lecteur
à une induction qui doit déjà lui sembler démontrée ! Mais on insiste,
afin de vous la faire concevoir plus vivement.

« *Ce qui est étrange*, c'est qu'on retrouve dans les deux tragédies
« précisément les mêmes situations, et souvent les mêmes sentiments
« que ces situations amènent. Le cinquième acte est différent ; il est
« terrible et pathétique dans Corneille. Gilbert crut rendre sa pièce
« intéressante en rendant le dénouement heureux ; et il en fit l'acte
« le plus froid et le plus insipide qu'on pût mettre sur le théâtre. »

Logiquement, le fait rapporté par Fontenelle, qui dissiperait tout
d'abord ce qu'il y a là de si *étrange* pour Voltaire, devrait arriver ici
comme à sa véritable place. Mais le commentateur, qui ne pourra se
dispenser d'en faire mention, le réserve pour un peu plus tard. Nous
ne sommes pas sans doute encore bien préparés pour l'entendre.
Il n'est rien de tel que de prendre son temps. Suivons.

« On peut encore remarquer que Rodogune joue dans la pièce de
« Gilbert le rôle que Corneille donna à Cléopâtre, et que Gilbert a
« falsifié l'histoire. »

L'heureuse négligence de cette candide observation doit charmer
tout lecteur intelligent : il est clair que ce n'est pas Corneille qui a été
falsifié par Gilbert, mais que c'est *l'histoire !* Voltaire sait parfaitement que Gilbert a songé à *falsifier l'histoire*, tout juste autant que
Perrault, en composant Peau-d'âne ou Cendrillon. Et Corneille,
avec tout son cortége historique, qu'a-t-il donc fait ? La conséquence
est toute simple : il a falsifié Gilbert à l'aide de l'histoire ! C'est précisément ce qu'il allait faire par récidive, dès la même année 1647,
avec une égale perfidie, à l'égard de Calderon, pour l'Héraclius.
Mais Voltaire n'a garde de le suivre dans ces voies souterraines de

l'histoire¹. Il est scandalisé, mais sa pudeur se renferme, comme il convient, dans les formules d'un étonnement significatif. Ne perdons pas une syllabe.

« *Il est étrange* que Corneille, dans sa Préface, ne parle point
« d'une ressemblance si frappante. »

Le bonhomme Palissot, qui contrôle le Commentaire de Voltaire en le reproduisant dans son édition de Corneille, observe seulement en note : « Il n'en parla pas, ou par mépris, ou par quelque ména-
« gement politique pour le caractère dont Gilbert était revêtu. » C'est là une bien faible résistance de vieillard. Il laisse passer dans la place le cheval de Troie, quand le bon sens conseillerait

Terebrare cavas utero et tentare latebras.

Quoi qu'il en soit, Voltaire maintenant vous croit au point où il a voulu vous mettre. Il va vous dire l'anecdote de Fontenelle d'un ton légèrement goguenard :

« Bernard de Fontenelle, dans la vie de Corneille son oncle, nous
« dit que Corneille, ayant fait confidence du plan de sa pièce à un
« ami, cet ami indiscret donna le plan au résident, qui, contre le
« droit des gens, vola Corneille. »

Un tel fait est possible de sa nature ; l'autorité de ce *Bernard* a bien quelque valeur : il s'agit de les infirmer l'un et l'autre. Ici, nous voyons tomber à plat le plus spirituel génie qui ait peut-être existé jamais. S'il est une rareté surprenante à signaler dans Voltaire, ce sont, à coup sûr, quelques lignes comme les suivantes, d'une ineptie, d'une... *bêtise* achevée. Je les copie, sans craindre de paraître passionné en les qualifiant de la sorte. Chacun peut en juger.

« Ce trait est peu vraisemblable. Rarement un homme revêtu d'un
« emploi public se déshonore et se rend ridicule pour si peu de chose.
« Tous les mémoires du temps en auraient parlé ; ce larcin aurait
« été une chose publique. »

Il suit de ce prodigieux raisonnement qu'un homme de rien, tel que l'auteur de Cinna et de Polyeucte, n'avait rien à perdre, et par conséquent ne risquait pas de se déshonorer en commettant un plagiat

---

¹ Il n'a garde, du moins, d'y conduire le lecteur. Mais il y a telle note du Commentaire sur Rodogune qui prouverait qu'il avait un peu étudié le terrain exploité par Corneille.

qui eût déshonoré, et qui pis est, rendu ridicule M. Gilbert, un homme revêtu d'un emploi public ! Et pour.... quoi ? Pour si peu de chose ! Et qu'auraient dit les mémoires du temps, qui, en effet, sont bien préoccupés d'un personnage tel que M. Gilbert ! De sa Rodogune morte-née, ils n'ont pas dit un mot, malgré sa qualité de résident ; preuve manifeste que le larcin n'est point imputable à un homme en place qui devait si bien connaître *le droit des gens*. Mais de Corneille triomphant (au rebours de la fable) sous la dépouille de Gilbert, quoique ce fût une *chose publique*, comme il ne s'agissait que de l'avocat Pierre Corneille, de sa Rodogune, de si peu de chose enfin, il est tout naturel que personne n'ait songé à en dire un mot. La malignité, l'envie n'ont souci que des résidents, et non pas des simples poètes. Tant d'honneur n'est pas fait pour eux.

On demeure confondu. Modérez vos impressions. Cet *Avertissement* de Voltaire contient encore quelques lignes, et de piquantes ou pénibles surprises du même genre.

Voici comment je me permettrais d'induire la marche de ses pensées.

Malgré ce ton d'assurance parfaite et ces airs dégagés, c'est Voltaire qui parle, et je le crois un peu en peine du succès de ces belles découvertes. Ce qu'il désire, c'est de rendre méconnaissable l'originalité du génie qu'il a si rapidement laissé entrevoir au début de cette dissertation. Il ne se propose pas autre chose, après tout, et sa prétention n'est nullement d'intenter à Corneille un procès bien en forme ni trop éclatant. — Quand de premiers mensonges risquent de manquer leur effet, la méthode des maîtres c'est d'en ajouter de nouveaux. Il ne serait pas prudent de laisser l'esprit du lecteur trop arrêté sur ce duel ridicule des deux Rodogunes. Il faut brouiller cette partie, c'est le moyen de la gagner. Un moyen hardi, admirable, inattendu, c'est de mettre hors de cour et Gilbert et Corneille sur le point de priorité ; c'est de faire arriver brusquement une troisième Rodogune, *la plus ancienne* (comme la pièce de Diamante), sous la forme d'un de ces romans d'alors qu'on ne lit plus, et qui ont presque disparu du monde. Ce sera un roman sans date, sans nom d'auteur, *excessivement rare*, un roman qui n'existe nulle part, mais dont on nous a parlé, et même nous donnerons le nom de l'imprimeur, et le format in-octavo. Le moyen de ne pas y croire ! Cherchez-le, bonnes gens ; cherchez bien, patients bibliophiles. Le public, dont j'ai pris la mesure, vous laissera courir, et admettra, en attendant, le témoignage de Voltaire appréciateur de Corneille.

Lisons textuellement cette étonnante création de la troisième, que dis-je? de la première Rodogune, évoquée du sein du néant.

« On parle d'un ancien roman de Rodogune : je ne l'ai pas vu ;
« c'est, dit-on, une brochure in-8º imprimée chez Sommaville, qui
« servit également au grand auteur et au mauvais. Corneille em-
« bellit le roman, et Gilbert le gâta. »

Tout amateur du mensonge doit se prosterner devant ces quelques lignes, et les bien méditer dans chaque mot, chaque tournure, dans les constructions et les incises de la phrase. Quel adroit passage du tour indéterminé, *On parle...*, *dit-on*, au tour affirmatif : *qui servit également...* et à cette conclusion qui met la paix entre les deux rivaux de priorité : *Corneille embellit le roman*, etc. ! Qui ne voit combien ces *dit-on* si commodes, font comprendre et apprécier l'origine de tous ces *absurdos* qu'ailleurs il a mis, comme vous savez, sur le dos de *son savant*, du bibliothécaire don Gregorio Mayans, qui n'en peut mais... ?

Nous ne sommes point un savant bibliographe ; la Bibliothèque royale dont on nous a permis de scruter les catalogues, pourrait, à la rigueur, avoir laissé échapper (bien que ce soit peu probable) la *brochure* mystérieuse, insaisissable (bien qu'elle soit *in-8º*, et *imprimée chez Sommaville*, sans doute en ce beau caractère dont ce libraire enrichissait les dix volumes de la *Cassandre* de La Calprenède, et la *Sibylle de Perse* de Du Verdier) ; enfin, la certitude physique ne nous est point donnée absolument : mais nous croyons et nous affirmons que cette brochure est une chimère, et nous promettons libérale récompense à qui nous détrompera.

Le scrupuleux éditeur de Voltaire, M. Beuchot, dont nous aimons à citer le nom avec honneur, nous pardonnera d'appeler le sourire du lecteur sur cette note qu'il attache avec une bonhomie si parfaite au *je ne l'ai pas vu* de son auteur chéri : « Je n'ai pas été plus heu-
« reux que Voltaire. Je n'ai pu découvrir cette Rodogune, brochure
« in-8º. » Qui n'aurait regret à toutes les insomnies dont cette vaine recherche a dû troubler la longue et savante carrière du consciencieux bibliographe ?

Il reste encore à lire deux phrases : l'une semble destinée à une diversion à peu près honorable sur le style de Corneille ; l'autre vous expliquera l'origine occasionnelle de la *première* Rodogune inventée par Voltaire, grâce à une *quatrième* et dernière Rodogune…. Quel déluge de Rodogunes ! — C'est précisément ce que l'on veut vous faire dire. Pour celle-ci, nous ne prétendons nullement en contester l'existence ; nous l'avons vue et touchée, mais malheureusement elle est sans conteste la dernière en date.

« Le style nuisit aussi beaucoup à Gilbert, car, malgré les inéga-
« lités de Corneille, il y eut autant de différence entre ses vers et
« ceux de ses contemporains jusqu'à Racine, qu'entre le pinceau
« de Michel-Ange et la brosse des barbouilleurs.

« Il y a un autre roman de Rodogune en deux volumes, mais il ne
« fut imprimé qu'en 1668 ; il est très rare, et presque oublié : *le*
« *premier l'est entièrement.* » Ce dernier tour est déjà de notre connaissance, et nous savons qu'il signifie : *ne le cherchez donc pas !*

Ici finit cette préface, triste monument non apprécié encore.

— Donnons quelque notice sur cette dernière Rodogune qui a eu le malheur de suggérer un ignoble artifice à Voltaire. C'est tout ce qu'elle a d'intéressant. C'était, vers 1668, le dernier soupir de l'école romanesque des Calprenède et des Scudérys. Je ne suis pas assez versé dans ces lectures pour dire jusqu'à quel point ce livre reproduit l'image pâlie des romans si goûtés quelques années auparavant. L'auteur, qui se nomme à la fin de son Discours *au lecteur*, D'Aigue-d'Iffremont, paraît un homme de bon ton ; il fait une grande apologie des romans au point de vue moral, il admire infiniment mademoiselle de Scudéry, et Cyrus, et Clélie, et Pharamond, et Cassandre, et Cléopâtre. Enfin, il s'humilie mille fois devant l'illustre M. Corneille, et ne songe pas seulement à Gilbert. Ses prétentions, qu'il expose avec modestie, sont surtout d'être plus historique que le grand poète : il croit fermement avoir reproduit les récits des historiens : cette créance de bonne foi, selon l'esprit du temps, contraste plaisamment avec les faits, les modes, les propos de cour, dont il est rempli. Du reste, quoique écrivant assez bien, il est très insipide : l'achève qui pourra. Voici le titre : *Rodogune, ou l'Histoire du grand Antiochus. Paris, Est. Loyson, au Palais, à l'entrée de la galerie des Prisonniers, au nom de Jésus*, 1669 (2 volumes in-8°.) Le libraire Sommaville, comme on le voit, n'y est pour rien du tout, mais l'identité subsiste quant au format in-octavo.

Voltaire n'était pas toujours audacieux, mais il l'était quelquefois. Il l'est beaucoup, ce me semble, dans ses dernières lignes, où il ose signaler cette quatrième Rodogune retardataire. S'il s'en était prudemment abstenu, comme il dut en être tenté en ourdissant toute cette imposture, il laissait aux bonnes ames le droit de dire, en reconnaissant la fausse hypothèse de la *première* des Rodogunes, que sa mémoire l'avait abusé par confusion, et lui avait fait reporter, *avant* l'œuvre de Corneille, l'existence de ce même roman de Rodogune qui l'avait suivie plus de vingt ans après. Voltaire ne s'est point avisé ou ne s'est point soucié de laisser aux interprètes charitables cette ressource, pour, au besoin, expliquer son *erreur*. Comptait-il donc si fort sur le succès de cette erreur? Était-ce audace ou maladresse? Je le laisse à juger. Il est certain néanmoins, que tant d'artifices, si subtils et si grossiers tout ensemble, ont pu passer inaperçus jusqu'à ce jour, sans rencontrer la réponse que la vérité, que la mémoire de Corneille attendaient depuis si long-temps.

Par un si rare exemple apprenez à mentir.

En terminant ici cette série d'observations ou d'anecdotes critiques, avons-nous besoin de protester qu'une admiration fanatique pour Corneille n'est pas ce qui nous inspire? Ce grand et noble génie a des défauts qu'il est trop facile de censurer aujourd'hui, même sans le secours d'une redoutable autorité. Il faut, à qui veut s'élever au point de vue de la juste admiration qu'on lui doit, un peu de recueillement et de méditation. Il y faut, pour le grand nombre, l'interprétation au théâtre par quelque rare talent de tragédien, et avant tout pour la jeunesse, il faut se garder de lire le Commentaire de son illustre Zoïle. C'est donc une bonne œuvre, et de goût, et de justice nationale, de prémunir l'opinion contre cette autorité captieuse et intéressée, qui vous prend par la main pour vous détourner du juste point de vue dont nous parlons. — Songez à ce que fut Corneille dans l'estime du grand siècle, et voyez s'il est possible de le réduire aux proportions que lui font aujourd'hui beaucoup de jeunes esprits. Vous lui avez élevé de belles statues: voyez s'il n'est pas possible de le lire attentivement.

TABLE.

I. *Première question.* — L'Héraclius . . . . p. 1
II. Le P. Tournemine, Calderon à Paris ?. 2
III. La matière du débat. 7
IV. Comment Corneille trouva l'Héraclius.. 11
V. Idée de la pièce de Calderon. 17
    La traduction de cette comédie, par Voltaire. 22
VI. Enquête de Voltaire sur cette première question. 24
VII. *Seconde question.* — Le Cid, Castro, Diamante, Voltaire. 37
    Erreurs de quelques critiques 44
VIII. *Troisième question.* — La Rodogune, Gabriel Gilbert et
    Corneille 47
IX. Voltaire, G. Gilbert, Christine, les quatre Rodogunes. 56

Rouen. Imp. de A. Péron.

www.ingramcontent.com/pod-product-compliance
Lightning Source LLC
LaVergne TN
LVHW050621090426
835512LV00008B/1592